Meinem geschätzten Freund und Mentor,
Herrn Francisco P. Montes de Oca García (†),
Historiker des kanarischen Archipels und
korrespondierendes Mitglied der Akadamie
San Fernando für Geschichte und Schöne Künste,
in Dankbarkeit.

Inhaltsverzeichnis

~ ० ⌣

»Nur noch der Ozean bleibt uns,
der die sel'gen Gefilde umspület.
Lasset die Segel uns hissen,
die herrlichen Inseln zu schauen . . .«

(Horaz, Ode XIV. Ad Populum Romanum)

Die Ursage

⌢ ° ⌣

In dem wilden, zerklüfteten Randgebirge, das das Land Iberia wie ein unübersteigbarer Wall nach Norden abschloß, lebte die Nymphe Pyrene als Hüterin der Heiligen Quelle, die silbern aus hohem Felsen in den kleinen, waldumstandenen Weiher sprudelte, auf dem weißgelbe Seerosen ihre stolzen Häupter wiegten. Vor sich hinträumend lag sie am Uferrand und spiegelte ihren schneeigen Körper in der leise zitternden Flut. Buntfarbige Schmetterlinge umgaukelten sie wie eine Blume, ein Falter setzte sich mit ausgebreiteten Flügeln auf ihren Arm: lebender, blaugoldschimmernder Schmuck, wie ihn nur Götter trugen. Hie und da unterbrach der ferne Lockruf eines Vogels das gleichmäßige Plätschern des Wassers und das leise Rauschen windgeregter Erlen. Arkadischer Friede schien in dem Waldtal zu herrschen, das Zeus der Nymphe Pyrene als Wohnstätte zugeeignet. Und doch war dem nicht so.

Hoch oben in den geräumigen Höhlen der himmelstürmenden Schroffen trieben die wilden Giganten ihr Unwesen, spielten Fangball mit windzerrissenen Gewitterwolken, rollten mächtige Steinblöcke über die schrägen Felshalden und lebten in stetem Kampf untereinander. Ihr Brüllen klang wie das Rollen des Donners, und ihre

Schreie glichen pfeifendem Sturm, der heulend durch abgründige Schluchten fegte. Nichts war ihnen verhaßter als friedliche Stille und träumerische Einsamkeit, wie sie im stillen Waldtal herrschten, wo die liebliche Quelle der Nymphe Pyrene silberhell in den grünen Weiher sprang.

Immer wieder hatten sie versucht, das stille Tal zu verwüsten und zu ihrem Tummelplatz zu machen, immer wieder vergebens. Riesige Felsen rollten sie herab, doch der Wald fing sie mit seinen mächtigen Armen auf, und so sehr sie sich auch gegen die Bäume stemmten, ihre Füße verfingen sich im Dickicht, Dornen zerkratzten ihnen Gesicht und Hände, stachliges Gestrüpp versperrte ihnen Weg und Steg. Wütend ließen sie ab von dem nutzlosen Kampf und fuhren hinauf zu den Höhen, Rats zu pflegen.

Ein züngelnder Blitz zeigte ihnen, wie sie ihren grimmigen Feind, den Wald, vernichten konnten. Mit mächtigen Fäusten griffen sie hinein in die geballten Wolken, fingen den feurigen Strahl und schleuderten ihn unter gellendem Hohngeschrei in die Tiefe. Krachend fuhr er in die Kronen der knorrigen Korkeichen. Flammen schlugen aus dem Gestrüpp, dunkler Qualm hüllte das Tal in nachtschwarze Finsternis.

Doch schon nahte der Rächer, den Zeus gesandt, die ungeschlachten Giganten zu vertilgen und Pyrene zu retten. Herakles war es, der Liebling der Götter, der abenteuersuchend an der Küste Iberias gelandet, Rast von weiter Reise im Hochgebirge hielt.

Von dem Toben der Giganten erwachte er aus seinem Schlummer. Mit mächtigen Sätzen stürmte er hinauf auf die höchste Schroffe, Umschau zu halten, welch neue Heldentat seinen Ruhm noch vergrößern konnte.

Da hatten ihn die Giganten auch schon erblickt und als Todfeind erkannt. Von allen Seiten versuchten sie, die Höhe zu erklimmen, den Göttersohn in den Abgrund zu stürzen. Doch pfeifend wirbelte seine Keule auf ihre Köpfe nieder, zerschmetterte die um Felsen geklammerten Arme der Riesen. Dem letzten, dem es gelungen war, sich hinaufzuschwingen, brach Herakles das Rückgrat. Dumpf zerschellte der Körper des Unholds in der Tiefe.

Erschlagen lagen die Giganten auf der Felshalde, doch unentwegt wütete der lohende Feuerbrand im Tal des Friedens. Da klang wie heller Glockenton ein Ruf an das Ohr des strahlenden Siegers. Lauschend beugte er sein Haupt über den steilen Altan. Nun hörte er ihn wieder . . . schwächer . . . verzweifelter . . .

Wie ein Sturmwind sprang er hinab und schlug mit der Keule eine breite Gasse durch das Gewirr der brennenden Bäume, zertrat das glimmende Unterholz und gelangte bald zur heiligen Quelle Pyrenes.

Am Ufer des Sees, vom beizenden Qualm halb erstickt, lag die Nymphe. Schnell hob er sie auf und trug sie in rasendem Lauf durch züngelnde Flammen auf die rettende Halde, wo er die Ohnmächtige behutsam unter einem schützenden Felsen bettete. Sinnend betrachtete er ihre herrliche Gestalt, und auf einmal erschienen ihm all seine ruhmreichen Abenteuer schal und fade gegen ein geruhsames Leben an der Seite dieser traumschönen Göttin. Und wieder hob er sie auf und trug sie hinab ans Gestade, sie als Gemahlin in seine Heimat zu führen.

Doch die Nymphe bat ihren Retter flehentlich, sie zurückkehren zu lassen zu der Heiligen Quelle, die ihre Welt war, und Herakles ließ sie schweren Herzens ziehen. Doch heimlich folgte er ihr von weitem, da er sich von ihrem Anblick nicht trennen konnte.

Schmerzlich bewegt, den Kopf zur Erde geneigt, schritt Pyrene über verkohlte Äste und gefällte Bäume dem kleinen Weiher zu, der jetzt wie eine schmutzige Pfütze zum Himmel starrte. Statt der stolzen Seerosen trieb versengtes Holz auf der rußigen Flut, kein Schmetterling umgaukelte mehr seine Ufer, kein flötender Lockruf eines fernen Vogels drang mehr an ihr Ohr. Nicht die friedliche Stille der Einsamkeit war es, die sie wiederfand, sondern die unheimliche Stille eines ausgebrannten Trümmerfeldes.

Noch einmal hob sie den Kopf und blickte traurig über die verwüstete Stätte ihrer träumerischen Jugend. Dann stürzte sie tot neben dem Weiher zu Boden.

Hier fand sie Herakles. Tränen rannen über das Antlitz des Helden, als er den Körper der Geliebten hinauftrug auf die höchste Schroffe, wo er ihre Feinde, die Giganten, besiegt. Dort errichtete er der Toten in vierzig Tagen und vierzig Nächten ein gewaltiges Mausoleum, dessen Spitze bis in die Wolken ragte und das er Pyrenaia nannte. Nach ihm heißt bis auf den heutigen Tag der ganze Gebirgszug die Pyrenäen.

Viele Monde hatte Herakles die geliebte Göttin beweint, als er gen Süden aufbrach und neuen Abenteuern entgegenzog. So gelangte er nach langer Wanderung zum Berge Calpe, der Iberia mit dem Land der Atlanten verband. Von seiner Spitze gewahrte er zum erstenmal den Ozeanus, der wie ein breiter Gürtel um die Erde lief, und den nur der Berg, auf dem er stand, von dem Meer seiner Heimat trennte.

Zu seinen Füßen, am Gestade von Iberia, lag die Burg Gades, die der dreiköpfige Riese Gerion erbaut hatte, vor dem ihn die Göttin Athene gewarnt. Doch unbekümmert stieg Herakles hinunter, den Burgherrn mit eigenen Augen zu schauen.

Bereitwillig ließ ihn Gerion in die Mauern von Gades ein. Die Kunde vom Siege des Helden über die wilden Giganten hatte den Riesen erschreckt, und er fürchtete sich, Herakles die Gastfreundschaft zu verweigern. Doch heimtückisch, wie er war, sann er auf eine List, den Göttersohn zu verderben. Wozu hatte er drei Köpfe? Mit dreien konnte man mehr denken als mit einem. Er kannte die Abenteuerlust seines Gastfreundes, und so begann er, ihm von den Hesperiden zu erzählen.

Gea, die Göttin der Erde und der Fruchtbarkeit, hatte Hera zur Hochzeit mit Zeus zwölf goldene Äpfel geschenkt, die geheime Kräfte verliehen. Wer von ihnen aß, wurde unsterblich und ewige Jugend war ihm beschieden. Mitten im Land der Atlanten stand der blühende Baum, den die Hesperiden, die sieben goldlockigen Töchter des Atlas und der Hesperis, behüteten. Doch listig verschwieg ihm Gerion, daß ihnen der hundertköpfige Drache Ladón zum Schutze beigegeben war.

Kaum hatte Herakles von den geheimnisvollen Früchten vernommen, als es ihn zum Aufbruch drängte. Froh entließ ihn der Riese aus dem quadersteingefügten Burgtor, das er fest hinter ihm verschloß, nachdem er ihm den Weg über den Berg Calpe ins Reich der Atlanten gewiesen . . .

Als die Sonne zum fünften Male über die Erdscheibe stieg, beleuchteten ihre Strahlen die goldenen Äpfel der Hera, die funkelnd in dem grünen Laub der gewölbten Baumkrone lockten, in deren Schatten die blauäugigen Hesperiden lagerten. Ihr lieblicher Gesang ließ Herakles anhalten und verzückt der göttlichen Melodie lauschen.

So gebannt war er von den zauberhaften Tönen, daß er nicht bemerkte, wie der Drache Ladón aus seiner hinter Dornenbüschen verborgenen Höhle schlich und sich lautlos von der Seite näherte, den kühnen Helden in Stücke zu reißen.

Erst der heiße Atem des Hundertköpfigen ließ ihn aus seiner Erstarrung erwachen. Blitzschnell erkannte er die Gefahr und schon sprang er mutig dem heimtückischen Angreifer entgegen.

Ein Dutzend Köpfe des Untieres lagen bereits am Boden, ehe es wußte, daß es diesmal um Tod und Leben ging. Einen Satz tat es auf Herakles zu, doch schon hatte dieser sich gebückt und ihm von unten her sein Schwert ins Herz gerannt. Tot stürzte der Drache neben seinem Überwinder zu Boden.

Als Herakles jetzt mit kühner Hand die goldenen Äpfel pflückte, die er in seinem Wams barg, stimmten die Hesperiden, die atemlos dem fürchterlichen Kampf zugeschaut, einen Klagegesang an.

Und also lautete er:

Weh' dir, o Land der Atlanten,
Dessen Friede der Fremde gestöret,
Als er mit frevelnder Hand
Unsern Wächter Ladón erschlug!
Von dem Baume der Jugend
Riß kühn er die goldenen Früchte,
Die Gea, Göttin der Erde,
Hera zur Hochzeit erkor.
Weh' uns, den Hesperiden,
Deren Daseinszweck nun verloren,
Seit uns der Hort geraubt,
Den die Göttin uns anvertraut!
Wehe euch, Brüder Titanen,
Die ihr hoch in den Bergen wohnet,
Mächtiger als das Gebirge
Ist des Ozeanus Flut!
Untergang ist uns beschieden,
Den Kindern des Landes Atlantis,
Tief auf dem Grunde des Meeres
Lebet sein Name nur fort.

Unbekümmert um das Jammern der Jungfrauen trat
Herakles den Heimweg an, die goldenen Früchte der ewigen Jugend seiner Schutzgöttin Athene zum Angebinde
darzubringen. Als er an dem Tempel Neptuns vorbeikam,
nahe der Stadt der Atlanten, trat ihm König Atlas an der
Spitze seiner Söhne, der Titanen, entgegen, den Raub der
goldenen Äpfel zu rächen. Doch Zeus half dem griechi-
schen Helden: ein gewaltiger Erdstoß machte den Tempel erzittern, ein Blitzstrahl zerschmetterte die Bildsäule

Neptuns, unter den Trümmern des Heiligtums begraben lag König Atlas.

Unmenschliche Wut erfaßte die Titanen. Bäume rissen sie aus, die Säulen des Atriums schwangen sie über ihrem Haupt, Herakles zu zermalmen. Nur schleunige Flucht konnte den Drachentöter retten.

Wie eine Hirschkuh jagte er durch Täler und über Höhen gen Norden, verfolgt von den blindwütigen Söhnen des Atlas, die immer näher rückten. Doch schon hatte er den Gipfel des Berges Calpe erreicht, faßte mit beiden Händen sein mächtiges Schwert, hob es auf zu den Wolken, und mit sausendem Hieb spaltete er ihn in zwei Teile: der Engel der Vernichtung hatte seinen Arm geführt.

Brausend mischten sich die Fluten des Ozeanus mit dem Meer seiner Heimat, stiegen auf und schossen hinein in die Täler von Atlantis, das Zeus zum Untergang bestimmt. Erschreckt flohen die Titanen ins Gebirge, ein Felsenschloß zu errichten, sich vor der Sintflut zu retten.

Herakles aber kehrte um und suchte nächtens nach Hesperis, der Witwe des Atlas, deren Schönheit man über den ganzen Erdkreis besang. Einen brennenden Baum wie eine Fackel schwingend, überstieg er die Trümmer der Stadt und fand sie zitternd in einer Grotte. Doch als Hesperis dem strahlenden Helden ins Antlitz sah, entbrannte ihr Herz in jäher Liebe und freiwillig folgte sie ihm.

Bei Morgengrauen hob Herakles die Königin auf die Schulter, die Meerenge zu durchwaten, die sie nach der Spaltung des Berges Calpe von Iberia trennte. Da erschauten die Titanen die Flucht ihrer Mutter. Vom hohen

Gebirge stürzten sie gewaltige Quadersteine in die See, den Todfeind zu vernichten. Doch unversehrt erreichte Herakles die Mauern von Gades.

Hier erwartete ihn der Riese Gerion, nahm ihm Hesperis von den Schultern und setzte sie im Burghof ab. Dann griff er nach einem Felsen und schmetterte ihn auf den verhaßten Fremdling nieder, der dem Drachen Ladón entgangen war. Doch Herakles fing ihn mit dem Rücken auf, übersprang die Mauer und tötete den Unhold. Auf dem Grabe Gerions aber wuchs ein greulicher Drachenbaum, dessen Stamm rotes Blut über den Tod des Burgherrn von Gades weinte.

Inzwischen hatte Hesperis den Söller erstiegen und schaute von den Zinnen nach dem in den Wogen des Ozeanus versinkenden Atlantis. Tiefe Trauer erfaßte die Königin, und von Schmerz übermannt stürzte sie sich ins Meer.

Die Titanen aber gaben den Kampf gegen die steigenden Fluten nicht auf. Den höchsten Gipfel erklommen sie, einen riesigen Turm zu bauen, den rettenden Himmel zu erklettern. Schon hatten sie die Wolken erreicht, zwei Finger breit nur trennten sie vom Himmel, da stürzte das kühne Gebäude zusammen.

Rasend vor Wut schleuderten sie die Trümmer des stolzen Turms gegen Zeus, der ihnen im letzten Augenblick die Rettung versagt. Da rief der Gott die Elemente gegen sie auf; Blitze zuckten vom Himmel, Regen strömte, immer höher schäumten die Fluten. Der Engel der Vernichtung aber schlug ein breites Grab in den Grund des Ozeanus, in das die Titanen versanken. Dann steckte er sein feuriges Schwert in die Scheide und nahm Abschied von der Erde bis zum Tage des Jüngsten Gerichts.

Von dem mächtigen Reiche Atlantis aber blieben nichts als sieben Bergkuppen, die die Fluten des Ozeanus umspülen: sieben Inseln, die den Namen der Hesperiden trugen. Die goldlockigen Töchter des Atlas aber setzte Zeus als leuchtendes Sternbild in den Himmel.

Soweit die Ursage. In der Weltgeschichte leben die Inseln erst auf, als Juba II., König von Mauretania, eine Expedition ins Weltmeer ausrüstete. Der Bericht, den ihm die wagemutigen Seefahrer brachten, trug ihnen den Namen »Insulae Fortunatae«, die »Glücklichen Inseln« ein. Ihre Urbevölkerung, die Guanchen, lebte dort unentdeckt wie auf einsamem Stern bis ins 15. Jahrhundert hinein als Steinzeitmenschen. Dann fielen sie den spanischen Eroberern zum Opfer. Nach den großen, zottigen Hunden (Canes) nannte man die Inseln von nun an »die Kanarischen«. Ihre Namen aber sind: Tenerife, Gran Canaria, La Palma, Gomera, Hierro, Fuerteventura und Lanzarote.

I.

Teneriffa, die Glückliche Insel

Blüten vom Guaidil

⌒ ° ⌣

Wie das Traumbild einer längst entschwundenen Zeit, wie ein Überbleibsel aus den leuchtenden Gärten der Hesperiden, steht heute noch in den Gefilden Taoros der baumhohe Strauch, dem eine märchenschöne Guanchen-Prinzessin das Sinnbild der Liebe verlieh. Aus den schneeigen Glockenblüten des Guaidil, die auf dem Grund ihres Kelches mit duftigem Rosa überhaucht sind, wand sie dem Sieger die Krone, der beim Beñesmen, dem Erntedankfest, im Ringkampf den herkulischen Gegner überwunden. Hier im Tagoror, der Rats-, Versammlungs- und Festspielstätte von Arautápala, entbrannte ihr Herz in heißer Liebe zu dem stattlichen Jüngling, dem einfachen Vasall ihres Vaters, des mächtigen Königs der Insel.

Sie hieß Guaima und er Tamaide. Sie war von königlichem Blut und er ein bescheidener Hirt, doch edel, mutig und tapfer wie irgendeiner der Guanchen, die auf Teneriffa lebten.

Eines Tages, bei Morgengrauen, stieg Guaima hinunter zum Strand, dem Singsang der Wogen zu lauschen, der ihr wie Liebesseufzer klang. Lange saß sie versunken auf einsamer Klippe und merkte nicht, wie die Sonne höher und höher stieg und den Mittag bereits überschritten hatte.

Da drang ein heller Pfiff an ihr Ohr und rückschauend gewahrte sie, wie ein Jüngling leichtfüßig die Schroffen des Chichimani herabsprang und nun in der Schlucht von Guabana verschwand. Nur zu wohl kannte sie den Pfiff jenes helläugigen Guanchen, der ihr immer wieder in ihren Träumen erschien und dem ihr Herz seit langem entgegenschlug.

Schnell lief sie zurück und ehe sie noch den Bach erreichte, der munter durch die steile Schlucht rieselte, teilten sich die Oleanderbüsche und vor ihr stand der junge, hochgewachsene Hirt Tamaide. Tief verneigte er sich vor der Prinzessin, die nicht nur vom eiligen Lauf wie mit Purpur übergossen schien.

In wohlgesetzter Rede tat Tamaide kund, was die Hirten von den Höhen des Chichimani in der Versammlung der letzten Nacht beschlossen hatten. Und obgleich er wußte, daß sich die Prinzessin nicht weigern konnte, die hohe Ehre anzunehmen —denn wer den Willen des Volkes verachtete, wurde als Feind des Vaterlandes erklärt, und die Strafe Acoráns, des waltenden Gottes, folgte auf dem Fuße—, so erfüllte es ihn doch mit inniger Freude, als er das Aufleuchten in den Augen Guaimas gewahrte. Und also sprach er zu ihr:

»Edle Tochter des großen Königs Bentinerfe, Eures Vaters, dessen treue Vasallen wir alle sind! Lange suchte ich Euch im weiten Tal von Arautápala, und jetzt, da Ihr vor mir steht, will ich Euch Kunde geben vom Beschluß

Eurer Untertanen, die mich als ihren Boten ausersehen haben. Einstimmig sind sie übereingekommen, Euch zur Ehrenkönigin zu erwählen, aus deren Hand beim nächsten Beñesmen der Sieger im Ringkampf den Preis entgegennimmt und Euch als Gemahlin heimführt. Wir bitten Euch alle von Herzen, unseren Wunsch zu erfüllen und die Ehrung, die wir Euch zugedacht, anzunehmen.« Ehrfurchtsvoll kniete er nieder und küßte den Saum ihres Tamarcos, des seidenweichen Fellhemdes, das enganliegend bis auf die breitriemigen Xercos, die Sandalen, herabfiel.

Freudig erregt von den wohllauten Worten Tamaides, die gleich den lieblichen Tönen der Hirtenflöte an ihr Ohr klangen, gab die Prinzessin ihre Einwilligung. Dann lief sie schnell zur Königshöhle, dem Vater die frohe Botschaft zu bringen.

Auf seinen federnden Banot, den Speer aus dunklem Eschenholze, gestützt, blickte ihr der Jüngling träumerisch nach . . .

Der Tag des Beñesmen war herangekommen. Im Alfaribor, der geräumigen Klause von Taoro, herrschte geschäftiges Treiben. Jugendliche Magades, heilige Priesterinnen, die heute als Hofdamen der Ehrenkönigin amtieren sollten, waren dabei, Guaima festlich zu schmücken. Zierliche Muschelketten legten sie um den weißen Hals der Prinzessin, steckten ihr rotleuchtende Miracielosblüten ins Haar, wanden einen Gürtel bunter Feldblumen um ihre Hüften. Dann führten sie Guaima an die heilige Quelle, deren kristallklarer Spiegel das liebliche Bild der Ehrenkönigin zurückwarf.

Der langgezogene Ton des Fatuto, eines gewundenen Muschelhorns, der jetzt zum dritten Male erscholl, mahnte zum Aufbruch. Schnell ordnete sich der Zug, und gefolgt von den Magades schritt Guaima hocherhobenen Hauptes zur Kampfstätte.

Das weite Rund des Tagoror ist mit frischem Grün und leuchtenden Blumen umkränzt. Zwischen Lorbeerzweigen und Palmenwedeln duften berauschend die weißen Schmetterlingsblüten der Retama.

Unter dem uralten Drachenbaum, dem Wahrzeichen Taoros, sitzt auf fellbedecktem Stein König Bentinerfe, umgeben von den Fürsten und Edlen seines Reiches. Über dem Haupt des Herrschers hängt die bastgeflochtene Standarte, die »Añepa«, das Symbol unumschränkter Gewalt. Rings um die Kampfbahn hocken die Vasallen auf herangerollten Steinen, Kinder kauern im Sand. In den Gesichtern aller malt sich gespannte Erwartung.

Feierlich nähert sich der Zug Guaimas und der Priesterinnen, die zu Ehren Acoráns einen Lobgesang angestimmt haben. Ihnen folgen Jünglinge mit Tajarastes, kleinen Handtrommeln, und Chiflas, Flöten. Nach dem Festmahl, dem Guatativoa, werden sie zum Tanz aufspielen.

Tragbahren mit Früchten vom Mocán und vom Erdbeerbaum schwanken heran und werden unter den schattigen Fächerpalmen fern vom Staub der Kampfbahn niedergesetzt. Saftige Brombeeren in bastgeflochtenen Körben, sorgsam bereiteter Gofio, geröstetes und dann gemahlenes Getreide, frische Ziegenmilch in riesigen Tonkrügen und randgeknetete Yoyakuchen häufen sich. Würziger Bratenduft junger Igel und zarter Baifos, Zicklein, zieht herüber, saftige Berghammel prutzeln am Spieße.

Tiefblau, wolkenlos, strahlt der Himmel wie dunkler Saphir, in den der Kegel des Teide sein flimmerndes Haupt stößt. Golden schießt die göttliche Magec, die ewige Sonne, ihre segenspendenden Pfeile über das glückliche Tal von Arautápala.

Die Kampfspiele beginnen. Wettlaufen wechselt mit Steinstoßen und Lanzenwerfen. Hoch- und Weitsprünge werden von anfeuernden Rufen begleitet. Schon fallen die Strahlen der Sonne schräg über die Höhen des Tigaiga, als König Bentinerfe Einhalt gebietet.

Wieder ertönt ein Muschelhorn, und in den Kreis schreitet stolz der Hüne Tagara, Meister im Ringkampf, den noch keiner zu Boden warf. Tief verneigt er sich vor dem Herrscher mit dem königlichen Gruß: »Zahaniat Guayohec!« Ich bin Dein Vasall! Dann sieht er sich herausfordernd nach einem Gegner um. Deutlich steht es in seinem Blick: er will heute den höchsten Preis erringen, der dem Sieger gebührt, die traumschöne Königstochter.

Auch Prinzessin Guaima ist mit ihren Hofdamen in das Rund des Tagoror getreten. In der Hand hält sie den Gánigo, den kleinen, irdenen Krug, das Zeichen des Sieges. Wer ihn erringt, dem gehört auch sie mit Leib und Seele. So will es das Gesetz der Guanchen! Doch ihr unbestrittenes Recht ist es, dem Herausforderer den Gegner zu bestimmen.

Suchend schweifen ihre Augen über die Versammelten. Dann haben sie den gefunden, dem seit langem ihr

Herz gehört. Drüben, unter dem blühenden Guaidil, dessen weiße Glockenblüten wie duftige Flocken herabrieseln, steht der Hirt Tamaide und schaut lächelnd zu ihr herüber. Laut ruft sie seinen Namen und federnden Schrittes betritt er die Kampfbahn.

Erstauntes Raunen geht durch die Menge. Tamaide? Tamaide wagt es, mit dem Hünen Tagara zu ringen? König Bentinerfe sucht die Augen seiner Lieblingstochter. Ihr bittender Blick enthüllt ihm den Herzenswunsch der Prinzessin. Da gibt er das Zeichen zum Beginn des Kampfes.

Im nächsten Augenblick halten sich die Gegner umschlungen. Vergebens versucht Tagara, den Hirten zu Fall zu bringen, immer wieder entschlüpft jener dem klammernden Arm des Riesen. Kein Zweifel, an Kraft ist Tamaide dem bärenstarken Sohn des Hochgebirges nicht gewachsen, nur seine Gewandtheit kann ihn vor sicherer Niederlage retten. Er fühlt, wie die Augen Guaimas auf ihm ruhen, er weiß, es geht um das Glück seines Lebens, er muß das Unmögliche möglich machen und Tagara werfen.

Immer hitziger bedrängt ihn der Hüne. Er merkt, wie seine Kräfte schwinden. Da erspäht er eine Blöße des Gegners. Wir ein Pfeil schnellt er vor, unterläuft ihn und wirbelt ihn zu Boden. Schon kniet er auf der Brust des Riesen und drückt seine Schultern zur Erde. Der Kampf ist aus: Tamaide hat gesiegt.

Während donnernde Beifallsrufe den jungen Hirten umbrausen, schleicht Tagara schamvoll aus dem Rund. Fern von Taoro wird er von nun an leben, fern seinen

Stammesbrüdern. Diese Niederlage hat sein Herz gebrochen.

Die Prinzessin ist unter den Guaidil getreten und hat mit rascher Hand einen Strauß schimmernder Glockenblüten gepflückt, die sie gewandt zum Siegerkranze flicht. Dann eilt sie, den Erwählten ihres Herzens zu schmücken. Errötend reicht sie dem Niederknienden den kleinen, irdenen Krug und drückt die Blütenkrone auf seine Stirn. Hand in Hand treten die beiden vor den Vater, der sie lächelnd an seine Brust zieht.

Die Vasallen aber werfen die Arme in die Luft. Jubelnd klingen ihre Rufe über den festlichen Tagoror: »Es lebe Prinzessin Guaima! Es lebe der Held Tamaide!«

Noch am selben Abend wurde die Hochzeit gefeiert. Und seit jenem Tage schmücken sich Braut und Bräutigam auf Teneriffa mit Blüten vom Guaidil, wenn sie im Frühling zum Altar schreiten ...

VILAFLOR

Hoch oben, auf luftiger Höhe, nahe der Ginsterregion, liegt wie ein ruhender Vogel mit ausgebreiteten Flügeln an steil sich hinaufziehendem Hang des Guajara das Dörfchen Vilaflor. Freundlich leuchten seine buntgestrichenen Häuser in der flimmernden Sonne. Oberhalb der letzten Gehöfte, die verstreut zwischen blühenden Weißkirschen ins Tal blicken, beginnt der Wald. Hohe Kanarische Kiefern stehen hier neben schlanken Pinien, deren Kronen sich wie gigantische Schirme über dem nadelbedeckten Boden wölben. Vom Schritt des Wanderers aufgescheucht, fliehen blaue Teidefinken in das dunkle Grün spitzgiebliger Tannen.

Einsam wanderte ich durch den schweigenden Wald, als zwei riesige Kiefern jäh meine Schritte hemmten. Während ich sie betrachtete und Höhe und Umfang zu schätzen versuchte, stand plötzlich wie aus dem Boden gewachsen ein kleines, weißhaariges Männchen neben mir, das mich schelmisch von der Seite mit jugendfrischen Augen anblickte, die nicht recht in das altersdurchfurchte Gesicht zu passen schienen.

»Viele Fremde kommen hierher«, sagte der Kleine ohne Einleitung, als führe er ein begonnenes Gespräch fort, »um den ›Pino gordo‹, die dicke Kiefer, und die ›Madre de agua‹, die Mutter des Wassers, zu sehen, doch nur wenige kennen die Legende, die um die beiden Bäume spielt. Ich will sie Ihnen erzählen.«

Dabei hockte er sich auf den Boden, so daß er jetzt ganz wie ein geheimnisvoller Zwerg aussah, der unversehens dem Märchenbuch der Kindheit entstieg. Auch ich ließ mich zur Erde nieder, lehnte den Rücken gegen den mächtigen Stamm des »Pino gordo« und lauschte den Worten des Unbekannten, die er mit lebhaften Handbewegungen unterstrich, als wollte er die Bilder seiner Gestalten in die Luft malen.

»Lange ehe die Spanier den Fuß auf Teneriffa setzten, lebte im Tal von Güímar ein junger Guanche namens Arico, aus dem vornehmen Geschlecht des Großen Tehinerfe, der eine stattliche Herde an Ziegen und Schafen sein Eigen nannte, die er von den wohlhabenden Eltern geerbt. Seine Ländereien reichten von der Cumbre bis zum blauspiegelnden Meer, saftige Weideplätze wechselten mit wogenden Kornfeldern, zu seinem Glück fehlte ihm nichts als ein junges Weib, das die Höhle mit ihm teilte.

Doch Arico hing solchen Gedanken nicht nach. Im jugendlichen Übermut gab er gleichaltrigen Freunden ein Gastmahl nach dem anderen. Ein Tier seiner Herde nach dem anderen fiel der Tabona, dem scharfgeschliffenen Steinmesser, zum Opfer und wurde bei Gesang und Tanz verspeist. In unsinnigen Wetten und bei wüstem Spiel verlor er seine Güter, und bald war er ärmer als der ärmste Hirt im ganzen Fürstentum.

Kurzerhand beschloß er auszuwandern. Schnell war der Lederbeutel mit Gofio gefüllt, der Schild aus der Rinde des Drachenbaums über die Schulter geworfen, im Gürtel des Tamarco steckte das spitze Obsidianmesser. Dann griff er zum Speer und verließ, ohne sich ein einziges Mal umzublicken, die väterliche Höhle und Stätte seiner glücklichen Jugend.

Bergauf führte sein Weg, dem Grat des Guajara entgegen, und je höher er kam, desto freier fühlte er sich in der frischen Bergluft. Vergessen war die Heimat, was hinter ihm lag kümmerte ihn wenig. Tagelang streifte er durch den kühlen Wald, ruhte aus unter schattigen Pinien und lauschte dem Zwitschern der blauen Finken.

Doch bald ging der Gofio zu Ende, Hunger begann ihn zu plagen, und wie sehr er auch suchte, einen Ausweg aus dem Walde fand er nicht. In seiner Not rief er Guayote an, den Dämon, der im Teide wohnte, ihm zu helfen. Dann schritt er, mit neuer Hoffnung beseelt, weiter.

Nach kurzer Zeit gelangte er zu einer Quelle, an der er drei junge Guanchenmädchen gewahrte. Die schönste von ihnen saß auf einem Stein und ließ ihre zierlichen Füße ins Wasser hängen. Schnell sprang Arico hinzu, entwendete ihr einen der weichen Fellstiefel, die unter einem Farnbusch standen, und lief in den Wald hinein, das Mädchen zu necken. Sie aber rief ihm nach: ›Bring' mir meinen Schuh wieder, und ich will deine Frau werden!‹

Das ließ sich Arico nicht zweimal sagen. Mit ein paar Sprüngen war er zurück, beugte sich nieder und streifte der schönen Unbekannten die Stiefel über die herrlich geformten Füße.

›Ich bin Vilaflor‹, sagte das Mädchen, und dies sind meine beiden Schwestern Jaruma und Tindalla. Unser Vater ist Guayote, der Dämon, den du suchst. Ich will dich zu ihm führen und deine Frau werden, wie ich es dir versprochen habe. Doch wenn dir mein Vater einen Krug gibt, um Wasser aus dem Teufelsloch zu schöpfen, so tue es nicht, denn er will dich hineinstoßen. Sage, daß du edler Abkunft bist und Sklavendienste nicht verrichtest.‹ Dabei nahm sie ihn bei der Hand und führte ihn hinauf zur väterlichen Höhle.

Als Guayote die beiden kommen sah, wußte er sofort, was sie herführte. ›Willst du meine Tochter heiraten‹, sagte er ohne Gruß zu Arico, ›so mußt du hinaufgehen auf den Berg, die Bäume fällen und ausroden, den Boden urbar machen, mit Bohnen bepflanzen und mir den Ertrag bringen. Dann will ich dir Vilaflor zur Frau geben.‹

Arico stieg hinauf und begann mit der schweren Arbeit. Vilaflor aber half ihm und ehe der Winter kam, lagen die verlangten Bohnen in der Höhle des Dämons.

Doch damit gab sich Guayote nicht zufrieden. ›Gehe hinunter ans Meer und bringe mir die Halskette roter Seemuscheln, die meine Frau beim Baden verloren hat‹, herrschte er ihn an, ›dann sollst du meine Tochter haben.‹ Sofort machte sich Arico an die neue Aufgabe und Vilaflor begleitete ihn.

Als sie an das Gestade des Meeres kamen, befahl ihm das Mädchen, ihren Arm mit der scharfen Spitze seiner Tabona zu ritzen und das Blut in einem ausgehöhlten Kürbis aufzufangen. Doch behutsam mußte er sein und keinen Tropfen davon verschütten! Ein Lied sollte er pfeifen, damit er nicht einschliefe, wenn sie hinabtauchte, die Halskette roter Seemuscheln zu suchen. Dann sprang sie vom Felsen in die schäumende See.

Und Arico pfiff ein Lied nach dem anderen, bis ihm keins mehr einfiel, und so begann er wieder von vorn. Endlich hörte er einen schwachen Hilferuf, beugte sich weit über den Rand der Klippe und zog Vilaflor herauf. Vorsichtig flößte er der Ohnmächtigen ihr Blut wieder ein. Dabei fiel ein Tropfen auf die Erde. Und als das Mädchen die Augen aufschlug, fehlte ihr ein Finger an der linken Hand. Um den Hals aber trug sie den verlorenen Schmuck ihrer Mutter.

Als sie zur Höhle Guayotes kamen, hörten sie schon von weitem seine wütende Stimme. ›Gib die Halskette her!‹ schrie er, ›oder du mußt sterben!‹ Und Arico überreichte sie ihm.

Da sagte die Frau des Dämons zu ihrem Mann: ›Du siehst, dieser Guanche ist mehr Teufel als du, hat er doch die Kette vom Grunde des Meeres geholt. Wir wollen ihm eine unserer Töchter zur Frau geben.‹

Die Mädchen wurden gerufen, und alle drei mußten sich hinter einen Vorhang stellen. Nur die linke Hand durften sie vorstrecken. Sogleich erkannte Arico an dem fehlenden Finger Vilaflor, ergriff ihre Hand und führte das Mädchen, das nun seine Frau war, nach einer unweit gelegenen Höhle, wo sie von jetzt an wohnen wollten.

In dieser Nacht, als sie zum erstenmal auf gemeinsamem Lager schlummerten, erwachte Vilaflor plötzlich und sagte: ›Noch vor Morgengrauen wird der Vater hier sein und uns beide erschlagen.‹ Eilig füllten sie zwei Ziegenbälge zur Hälfte mit Schafsblut und zur anderen mit säuselndem Bergwind, den Vilaflor eingefangen hatte. Dann warfen sie Felle darüber und flohen in die Wälder von Adeje.

Der Mond war bereits untergegangen, als sich Guayote nach der Höhle des jungen Ehepaares schlich. Kaum gewahrte er das fellbedeckte Lager, als er mit der Keule auf die vermeintlichen Liebenden einschlug, bis sein Arm erlahmte. Dann griff er zur Lanze und stach von allen Seiten in die Ziegenbälge. Das Spritzen des Blutes und das Säuseln des Bergwindes, das er für das Seufzen der Sterbenden hielt, machten ihn glauben, daß er Arico und Vilaflor getötet hätte.

Doch am nächsten Tage entdeckte seine Frau den Betrug. Hohnlachend kam sie zu ihm und sagte: ›Siehst du nicht, wie schlau die beiden sind? Sie können besser zaubern als du. Mach' dich auf und erschlage sie im Walde!‹

Vilaflor sah den Vater bereits von weitem kommen und schnell verwandelte sie sich in einen Erdbeerbaum. Arico aber bückte sich und sammelte die zur Erde gefallenen Früchte. Guayote, dem er den Rücken zuwandte, fragte ihn, ob er nicht einen Mann mit einem jungen Mädchen gesehen hätte. Da schüttelte Arico nur stumm den Kopf, um sich nicht mit seiner Stimme zu verraten. Wütend lief der Teufel zur Höhle zurück.

›Ziegenhörniger Dummkopf‹ empfing ihn seine Frau, ›der Mann, mit dem du sprachst, war Arico, und Vilaflor hat sich in einen Erdbeerbaum verwandelt. Ich selbst werde ausziehen, sie suchen und töten.‹

Friedlich ruhten die beiden Liebenden bei Morgengrauen im Pinienhain am Hang des Guajara, als die Mutter sich mit der Axt Guayotes näherte. Doch der Ruf eines blauen Finken weckte sie und schnell schlüpfte Arico in den ›Pino gordo‹, Vilaflor aber in die ›Madre de agua‹.

Vergeblich sah sich die Frau des Teufels nach ihren Kindern um. Dann zog sie mit ihrem Stecken einen weiten Zauberkreis um sich, entzündete in der Mitte ein Feuer und sprach den gräßlichen Fluch: ›Vergessen sollt ihr für ewig sein einer dem anderen!‹ und kehrte befriedigt zu Guayote zurück.

Kaum war die Mutter verschwunden, da traten die beiden aus ihren Bäumen. Doch der Fluch tat seine Zauberwirkung: sie erkannten sich nicht mehr. Arico schlug den Weg ins Tal von Adeje ein, dort soll er verschollen sein. Vilaflor aber blieb in der Gegend und als später hier ein Dorf gegründet wurde, gab man ihm ihren Namen.

Der ›Pino gordo‹ aber und die ›Madre de agua‹ flüstern sich noch heute nächtens im säuselnden Bergwind die Geschichte der beiden Liebenden ins Ohr . . .«

Das Hohelied der Ahnen

Ein leuchtender Spätnachmittag lag über dem weiten Tal von Güímar. Hier und da reckten Dattelpalmen ihre frauenhaften Leiber in den vom Meer untermalten Himmel, leicht wogte ährenschweres Korn in der sanften Brise, die vom Ringkamm wehte, Bergziegen weideten einträchtig an den saftigen Hängen.

Vor seiner Höhle saß der Sigoñe (Edle) Bedo, der bei der Taufe den Namen Lorenzo angenommen hatte. Stolz lag auf den Zügen des alternden Guanchen, als er über das fruchtstrotzende Land blickte, das der Statthalter Don Alonso Fernández de Lugo ihm als Dank für seine getreue Gefolgschaft bei der Verteilung zuerkannt.

Erst wenige Jahre waren seit der Eroberung der Insel durch die Spanier vergangen, und schon hatte sich das Aussehen Teneriffas verändert. Wo vor kurzem undurchdringliche Wälder ihre Arme spreizten, dehnten sich heute üppige Bohnen-, Mais- und Kornfelder. Überall schossen

Gehöfte aus der Erde, auf den Höhen, von denen eben noch der dumpfe Ton des Muschelhorns zum Kampfe rief, läuteten friedlich die Glocken der kleinen Kapellen, die in schneeigem Weiß erstrahlten.

Durch den sinkenden Abend kamen vom Strand herauf zwei junge Menschen. Schon von weitem erkannte der Edle seine Tochter Ijaga, die Blume vom Berge, wie er sie immer noch nannte, obgleich sie seit langem María hieß. Neben ihr, den Arm leicht um die Schulter des Mädchens gelegt, schritt ein hochgewachsener Guanche, den Kopf vornübergebeugt, als lausche er aufmerksam ihren Worten. Es war Blas, der in der Klosterschule die spanische Sprache erlernt hatte und nun bei dem Hauptmann Juan de Viana, dessen Ländereien an die des Sigoñe grenzten, Dolmetscherdienste tat.

Gern mochte Bedo den jungen, hochherzigen Mann leiden, der die edelsten Eigenschaften seiner Rasse, Treue und Gehorsam, in sich verkörperte. Bald würden María und Blas ein Paar sein und er seine Enkelkinder auf den Knien schaukeln. Doch hätte Bedo das Gespräch der beiden mitanhören können, er würde weniger vertrauensvoll in die Zukunft geblickt haben.

»Ich flehe dich an, Blas«, sagte das junge Mädchen, »laß uns in die Berge ziehen, weitab von hier, wo wir als freie Hirten leben können. Dort will ich dir gehören und deine getreue Magd sein.«

»Du weißt«, fuhr sie bekümmert fort, »dein Herr, Don Juan de Viana, der mächtige Konquistador, liebt mich. Auf Schritt und Tritt läuft er mir nach und will mich zu seiner Sklavin machen. Er ist groß, schön und stark, und mein Vater würde mich ihm geben, denn er ist ihm freundschaftlich gesinnt.«

»Liebst du ihn denn?«, unterbrach sie der Jüngling.

»Nein«, antwortete Ijaga, »nie werde ich diese Fremden lieben, die uns zu Unfreien gemacht haben, auch wenn sie uns den Allmächtigen Gott, Diós, brachten und die Heilige Jungfrau des Lichts, die nun unsere Insel beschirmt und deren Namen ich trage. Ich liebe nur dich, Blas, dich allein.«

Schweigend schritt der Jüngling neben ihr. Zwiespalt kämpfte in seiner Seele. Ijaga . . . María . . . Er war ein frommer Christ geworden und seines einstigen Namens erinnerte er sich nicht mehr. Gewiß, auch er liebte das schöne Mädchen mit der ganzen stürmischen Kraft seines jugendlichen Herzens. Aber durfte man seinem Herrn die Treue brechen, den Gehorsam aufkündigen, eine übernommene Pflicht beiseite werfen wie die faule Frucht vom Erdbeerbaum?

Seine Gedanken schweiften zurück. Er war mit dabei gewesen beim Empfang des siegreichen Generalkapitäns auf der spanischen Halbinsel. Im hohen Krönungssaal der Katholischen Könige hatte er gestanden unter der Leibwache Fernando de Lugos, als der mächtige Herrscher des Weltreiches seinem Feldherrn die goldene Kette um den Hals legte. Er hatte die Kastilischen Granden geschaut in hermelinverbrämten Überhängen und silbernen Schnallenschuhen, die edelsteinbesetzten Griffe ihrer Toledanerklingen bestaunt. Unvergeßlich blieben ihm die in tausendfachem Kerzenschein funkelnden Rüstungen der Ritter, die wie Bildsäulen zu beiden Seiten des Throns standen. Und damals hatte er sich geschworen, Treue zu halten diesen übermenschlichen Wesen, die aus einer anderen Welt zu stammen schienen . . .

Er merkte nicht, daß sie bereits vor der Höhle standen. Noch immer wartete María vergeblich auf eine Antwort, angstvoll sah sie ihm in die Augen. Da schüttelte er stumm das Haupt, wandte sich um und ging.

Die Befürchtungen Marias waren nicht unbegründet. Der flotte Hauptmann Don Juan de Viana war in das hübsche Guanchenmädchen verliebt. Sein Abenteuerblut hatte ihn unter die Konquistadoren getrieben, sein Mut ihm nach der blutigen Niederwerfung der Insulaner die reichen Landschaften im Tal von Güimar eingetragen.

Er wußte, daß auch Blas die Blume vom Berge liebte, aber schließlich war jener nichts als ein Diener und ein treuer dazu. Für ihn gab es noch genug Mädchen aus dem Volke. Über Gefühle anderer setzte sich der Hauptmann leicht hinweg. Das war etwas für Schwächlinge. Heiratete er die Kleine, dann fielen nach dem Tode Bedos dessen reiche Äcker an ihn. Das bedeutete beinahe eine Verdoppelung seines Grundbesitzes. Schmunzelnd strich er seinen Reiterschnurrbart, bestieg den Apfelschimmel und galoppierte aufs Feld, zu sehen, ob er María träfe.

Doch das Schicksal durchkreuzte seine Pläne in Gestalt eines Aufrufs, den der Statthalter verkünden ließ: ein Schiff war in der Bucht von Santa Cruz vor Anker gegangen, das jeden nach Afrika mitnahm, der gegen die heidnischen Mauren, die Feinde Christi, kämpfen wollte.

Stürmische Begeisterung lief über die ganze Insel, der alte Kriegsgeist erwachte. Die ehemaligen Söldner, nun kleine Bauern und Handeltreibende, holten ihre verrosteten Waffen hervor und putzten sie blank.

Auch der Hauptmann Don Juan de Viana träumte von neuem Ruhm, von Waffenklirren und Schlachtenlärm, vom Aufheulen der schweren Kartaunen und dem blindwütigen Bellen der Basilisken . . . Und dann! An der Spitze der Reiterei, mit gezogenem Degen, wie ein Sturmwind hinein in die Haufen der Ungläubigen zu Ehren Gottes und der Heiligen Jungfrau! Das Guanchenmädchen lief ihm nicht fort, wenn er binnen kurzem als Sieger heimkehrte.

Für Blas gab es kein Bedenken. Wo sein Herr war, da war auch er. So lautete das Gesetz seiner Ahnen, so und nicht anders heischte es die Vasallentreue.

Bewegt nahm er Abschied von María. Wenn er glücklich zurückkehrte, sollte sie seine Frau werden. Doch jetzt, in der Gefahr, durfte er seinen Herrn nicht im Stich lassen.

Der Vorabend der Abfahrt war herangekommen. Der Hauptmann hatte Blas mit seiner Ausrüstung bereits an Bord geschickt. Als es dunkelte, machte er sich auf den Weg, María noch einmal zu sehen. Er wußte, wo er sie treffen würde. Bei sinkender Sonne pflegte sie den Feldrain entlang zu kommen, den sie oft Arm in Arm mit Blas zur väterlichen Höhle gewandert war.

Und was es auch immer gewesen sein mag: die Stunde des Abschieds, ein Flimmern in den Augen des Mädchens, das heiße Blut des Konquistadors, ein bedingungsloses

Sichergehen in unvermeidliches Schicksal . . . willenlos lag sie in seinen Armen.

Am nächsten Morgen stach die Brigantine in See. Wohlbehalten erreichten die Freiwilligen die Küste der Berberei. Dann begann der Marsch ins Innere. An der Spitze der Kavallerie, gefolgt von seinem Schildträger Blas, ritt der kampfesfrohe Hauptmann Don Juan de Viana.

Weit und breit war kein Sarazene zu sehen. Vielleicht lagerten sie hinter den Sanddünen, die sich hügelig vor den Augen der Kastilier dehnten. Da gab der General den Befehl, kriegerische Märsche zu blasen, die Fahnen zu schwenken und Böllerschüsse abzufeuern, die Ungläubigen aus dem Hinterhalt zu locken.

Und schon tauchten die weißen Burnusse der Berber auf. Todesmutig warfen sie sich den feuerspeienden Falkonetten und Arkebusen entgegen, laut tönte ihr Kriegsgeschrei: »Allah il Allah!«

Ein Schuß aus der schweren Reiterpistole des Hauptmanns, und allen voran auf seinem Apfelschimmel stürmte er in den feindlichen Haufen hinein, wie er es immer geträumt.

Eine neue Ruhmestat im Blatt der vaterländischen Geschichte war dieser Sieg der Söhne Kastiliens über die finsteren Ungläubigen, von denen nur ein karger Rest in die Wüste entkam. Doch auch die Christen hatten schwere Verluste zu beklagen. Unter seinem Apfelschimmel hervor zog man den schneidigen Hauptmann Don Juan de Viana. Sein Kopf war von einem Maurenschwert gespalten. Neben ihm lag Blas, der Schildträger. In seinem Herzen steckte die Spitze eines Sarazenenpfeils.

Schnell flog die Nachricht vom Tode der beiden Helden ins Tal von Güímar. Im ersten Zusammenstoß mit den Heiden hatten sie ihr junges Leben für den wahren Glauben lassen müssen.

Tränenlos starrte María von einsamem Felsen übers Meer. Alles war zu Ende. Schande hatte sie gebracht über ihr edles Geschlecht, sie wagte nicht mehr, dem Vater in die klugen, ehrlichen Augen zu sehen. Schaudernd blickte sie in die gähnende Tiefe. Dort unten allein winkte Erlösung von ihrem namenlosen Leid . . .

Da regte sich unter ihrem Herzen das Kind. Es war ihr, als risse sie eine unsichtbare Hand vom Abgrund zurück. Nein! Ihr eigenes Leben galt ihr wenig, aber eine Kindesmörderin war sie nicht! Sie mußte die Folgen auf sich nehmen, die ihr die Frucht ihres Leibes zu tragen gebot.

Und Bedo, der edle Sigoñe, der die schicksalsverschlungenen Wege des Lebens kannte, verstand den Schmerz Ijagas, der Blume vom Berge, und verzieh seiner Tochter . . .

María aber gebar einen schönen Knaben. Er hatte die kühne, römische Nase der Konquistadoren und die klugen, hellen Augen der Guanchen. Bei der Taufe erhielt er den Namen Antonio. Stattlich und groß wuchs er heran und verheiratete sich mit Ana Gonzalez, einem Inselmädchen aus dem Tal von Ygueste. Ihre einzige Tochter María wurde die Frau des Kastiliers Francisco Hernández. Und aus dieser Ehe entsproß Don Antonio de Viana, der größte Dichter Teneriffas und spätere Ehrenbürger von San Cristóbal de La Laguna, der damaligen Hauptstadt der Insel.

Wer kann den verschlungenen Gedankengängen eines schöpferischen Geistes folgen? Wer das geheimnisvolle Fluidum erklären, was ihn dies oder jenes sagen läßt? Wußte der Poet Viana um das Geheimnis seiner Urgroßmutter Ijaga, der Tochter des Edlen Bedo, dem er sein Leben verdankte?

Sein unsterbliches Poem »Antiguedades de las Islas Afortunadas de la Gran Canaria«, das den Freiheitskampf der Guanchen gegen die spanischen Eroberer behandelt und im Jahre 1604 im Druck erschien, läßt es uns vermuten. Einleitend stehen dort die schlichten Worte: »Ich will es singen, das Hohelied meiner Ahnen . . .«

DER EDELMUT DES GUANCHEN

Auf dem Menschenmarkt in Sevilla herrschte rege Nachfrage nach Guanchensklaven. Was waren die elenden, ausgemergelten Indios, die den finsteren Luken der Karavellen entstiegen, wenn sie nach langer Fahrt aus der Neuen Welt heimkehrten! In Doppelreihe aneinandergefesselt standen sie zitternd vor den Zelten und starrten fiebrigen Auges teilnahmslos vor sich hin. Was Wunder, wenn sich kein Käufer fand, der seine guten Golddoublonen in diese Kadaver steckte! Den kommenden Winter überlebten sie ja doch nicht!

In ihrer Not wandten sich die Händler an Don Alonso Fernández de Lugo, den Statthalter von Teneriffa. Gewinn lockte, das aufblühende Sevilla brauchte Arbeitskräfte, und die starken, widerstandsfähigen Guanchen waren am geeignetsten für den schweren Frondienst »de sol a sol« (von Sonnenauf- bis -untergang).

Nachdenklich faltete der Statthalter das Schriftstück zusammen. Es war nun schon das dritte, das er erhielt. Schließlich konnte er keine Sklaven aus dem Ärmel schütteln, und außerdem hatte er den unterworfenen Fürsten sein Wort verpfändet, die Freiheit der Insulaner nicht anzutasten. Gewiß, das Vaterland brauchte Arbeitskräfte, und die Indianer mochten zu schwächlich sein. Aber letzten Endes war er froh, daß nach dem blutigen Feldzug Ruhe auf seiner Insel herrschte, auch hatte er andere Sorgen als die unersättlichen Geldbeutel der Sklavenhändler zu füllen.

Immerhin war es gut, auf der Halbinsel einflußreiche Freunde zu haben. Der Wind um den Thron, der heute noch günstig in seine Segel blies, konnte sich drehen, und dann durfte es ihm nicht an Fürsprechern fehlen. Vielleicht gab es eine Möglichkeit, Sklaven zu machen und den mächtigen Sevillaner Kaufherren einen Dienst zu erweisen, ohne daß er seinen Eid brach, den er aufs Meßbuch geschworen hatte.

Er überlegte. Richtig! Da waren doch wieder Beschwerden aus Buenavista eingetroffen. Angeblich hatten die kriegerischen Guanchen von Teno den siedelnden Söldnern Schafe und Ziegen geraubt. Zwar war eine Untersuchung im Sande verlaufen, doch gab die Anzeige eine Handhabe, von Guantacara, dem Fürsten von Teno, Sühne zu fordern.

Sofort setzte Lugo ein Schreiben an den Gouverneur von Buenavista auf, entsprechende Schritte zu unternehmen. Dabei sollte jener dem Schein nach aus eigenem Antrieb handeln und so ihn, den Statthalter, decken. Niemand würde dann sagen können, daß Don Alonso sein Wort gebrochen hatte. Vielleicht ging Guantacara auf den Handel ein. Sollte es aber zu einem blutigen Zusammenstoß kommen, dann war immer noch Zeit, schlichtend einzugreifen.

Dem Gouverneur Don Juan Méndez kam der Bote mit dem vorsichtig abgefaßten Schreiben gar nicht gelegen.

Er war froh, daß er mit den Guanchen von Teno in Frieden lebte. Und was das gestohlene Kleinvieh anbelangte, so ließen sich die Angaben der Siedler nicht nachprüfen. Ebensogut konnten sich die Schafe und Ziegen in den winkligen Schluchten verloren haben. Doch der Wunsch des Statthalters war ihm Befehl, und unverzüglich forderte er fünfzig »Sühnesklaven« von Guantacara.

Zwar hatte der Fürst von Teno den Katholischen Königen Gehorsam gelobt und das Christentum angenommen, doch für Leben und Freiheit seiner Vasallen trat er ein. Seine Antwort war der dröhnende Ruf des Muschelhorns, der schaurig von den Basaltfelsen niederhallte und die Krieger zu den Waffen rief.

Auch der Gouverneur zog eilig seine Söldner in Buenavista zusammen und fluchte, daß er sich auf den Handel eingelassen hatte. Es lag ihm daran, unter allen Umständen einen Zusammenstoß zu vermeiden. An ihm würde alles hängenbleiben, denn befehlsgemäß hatte er das Schreiben Don Alonsos vor den Augen des Boten verbrannt.

Auch Guantacara war trotz seiner kriegerischen Vorbereitungen für eine friedliche Regelung. Mochte Juan Méndez soviel Schafe und Ziegen haben, wie er wollte, doch Sklaven, nein! Beschworen war die Freiheit der Guanchen vom Vertreter der Katholischen Könige! Assano sollte sofort als Unterhändler mit den Spaniern Fühlung nehmen.

Der junge Guanche hatte noch nicht die Hälfte des Weges nach Buenavista zurückgelegt, als er auf einer Lichtung zwei Kastiliern begegnete, die von Don Juan

Méndez ausgeschickt waren, unnützes Blutvergießen zu vermeiden.

»Unser Herr bietet euch Frieden an«, sagte einer der Unterhändler, »nicht fünfzig Sklaven verlangt er als gerechte Sühne, sondern nur zwanzig.«

Hoch reckte sich Assano auf: »Nicht fünfzig, nicht zwanzig, nicht einen! Frei sind die Krieger von Teno, und für ihre Freiheit werden sie kämpfen und sterben!«

»Wer bist du?« fragte der Spanier statt aller Antwort.

»Assano, der Sohn des Fürsten Guantacara und Lehnsherrn der Katholischen Könige«, klang es stolz zurück.

Das war eine Gelegenheit, wie sie sich nicht zum zweiten Male bot. Mit einem schnellen Blick verständigten sich die beiden Söldner. Waffenlos war der Fürstensohn! Wenn sie ihn fingen? Dann konnte Don Juan so viele Sklaven als Lösegeld fordern, wie es ihm beliebte. Sie brauchten nur ihre Toledanerklingen zu ziehen und ihn in die Mitte zu nehmen.

»Und wenn wir dich jetzt als ersten Gefangenen nach Buenavista bringen?« meinte der Söldner.

Verächtlich blickte Assano auf die kleinen Spanier herab: »Macht, daß ihr fortkommt, ihr Tröpfe! Glaubt ihr bartlosen Weibsgesichter vielleicht, ihr könntet mit einem einzigen Guanchen fertig werden? Ich würde euch verprügeln wie junge Hunde!« Dabei tat er einen Schritt auf sie zu.

Im selben Augenblick flogen die Klingen der Kastilier aus der Lederscheide. Ihre Spitzen blieben auf der nackten Brust des Fürstensohnes haften, bereit, ihn bei der ersten Bewegung zu durchbohren.

Doch die Spanier hatten nicht mit dem Mut, der Kraft und Gewandtheit Prinz Assanos gerechnet. In Gedankenschnelle griff er mit bloßen Händen in die Schneiden der Degen und entriß mit gewaltigem Ruck den Heimtückischen die Waffen. Zwei Faustschläge, die wie Hämmer auf ihre Köpfe niederfuhren, warf die Unterhändler zu Boden.

Da lagen sie nun ohnmächtig auf der Lichtung, der Gnade des Siegers preisgegeben. Das beste war, diese Schurken sofort zu töten, die ihn, den Waffenlosen, hinterhältig gefangennehmen wollten.

Doch der Edelmut des Guanchen siegte. Diese da waren Verräter, aber nicht verkörperten sie den Willen der mächtigsten Könige der Welt, denen alles Land und Wasser Untertan war.

Assano betrachtete seine zerschnittenen Hände, von denen das Blut zur Erde tropfte. Wieder wallte es heiß in ihm auf. Sein Blick blieb auf einem schweren Stein haften. Warum zerschmetterte er nicht ihre Köpfe, wie es Meuchelmördern gebührte? Sie verdienten den Tod.

Doch hatte ihm sein Vater nicht befohlen, alles zu tun, den Frieden zu erhalten, und darum gerade ihn, seinen Sohn, als Vertrauenswürdigsten ausersehen, den Zwist beizulegen? Was geschehen war, war geschehen: ehrenhaft und in Selbstverteidigung hatte er gehandelt. Töten aber durfte er die Wehrlosen nicht.

Kurz entschlossen hob er die beiden auf die Schultern und trug sie zum nahen Bach, der am Waldrand sprudelte. Dann ging er zurück und holte die Degen.

Langsam kamen die Kastilier zu sich. Immer wieder besprengte Assano ihre Gesichter mit frischem Wasser und rieb ihnen die Schläfen.

Es dauerte eine Zeit, bis die beiden wußten, was sich ereignet hatte. Bleich und taumelnd, von Assano gestützt, erhoben sie sich. Kein Wort des Dankes kam über ihre bleichen Lippen. Böses, hinterlistiges Leuchten glomm in ihren Augen.

Der edle Guanche gewahrte es nicht. Er beugte sich zur Erde nieder und überreichte ihnen wortlos die Degen. Dann wandte er sich stolz zum Heimweg, dem Vater Bericht zu erstatten.

Auf diesen Augenblick hatten die Söldner nur gewartet. Kaum sahen sie den breiten Rücken des Guanchen vor sich, da fuhren ihm auch schon ihre Klingen zwischen die Schulterblätter. Mit einem röchelnden Aufschrei stürzte er zu Boden.

Nur kurze Zeit blieb der Tod seines Sohnes dem Fürsten Guantacara verborgen. Blutige Genugtuung forderte er für den feigen Mord.

Und sie wurde ihm zuteil. Don Juan Méndez ließ die Übeltäter greifen und im Beisein des Fürsten und der tapferen Krieger von Teno wurden sie auf dem Monte Taco gehängt. Seit diesem Tage heißt jene steile Höhe im Volksmunde »der Galgenberg«.

MISTER WHISKY

⌒ o ⌣

Man schrieb den 24. Juli 1797.

Kurz vor Anbruch der Dunkelheit bot sich den erstaunten Augen der Bewohner von Santa Cruz ein Schauspiel, das die Mutigen kampfesfroh und die Feigen erzittern machte. In breiter Linie bogen ums Vorgebirge von Gran Canaria neun Kriegsschiffe, an deren Heck man deutlich, von letzten Sonnenstrahlen umspielt, die englische Flagge erkennen konnte.

Zwei Stunden später ging es wie ein Lauffeuer durch die Stadt: Admiral Nelson war in der Bucht vor Anker gegangen und hatte die Übergabe der Insel Teneriffa gefordert.

Die Antwort des tapferen Kommandanten, der das Kastell von San Cristóbal befehligte, war ein Schuß aus der schweren Festungskanone »El Tigre«, der dumpf über die Bai rollte und sich drohend an den Schroffen der Anagaberge brach.

Damit waren die Feindseligkeiten eröffnet, und Nelson ging zum Angriff über. In der mondlosen Nacht war es ihm ein leichtes, zweitausend Mann an der Küste zu landen.

Bei Morgengrauen begann der ungleiche Kampf. Auf der einen Seite standen dreizehnhundert schlecht bewaffnete Insulaner und einige unzulängliche Küstenbatterien, auf der anderen die schlachterprobten englischen Marinesoldaten, unterstützt von dreihundertdreiundneunzig Schiffsgeschützen, die unausgesetzt landeinwärts feuerten.

Der Admiral selbst hatte mit wenigen Leuten den Molenkopf erstiegen und die dortige Batterie genommen. Hoch schwenkte er über seinem Haupte die Fahne Großbritanniens, die er dem Träger in stolzer Siegesfreude entrissen.

Da heulte der Tiger von San Cristóbal auf. Und wenn je ein spanischer Kanonier einen Schuß abgefeuert hat, dessen Echo in der Geschichte bis zum Untergange der Welt nachhallen wird, so war es dieser Schuß jenes denkwürdigen Morgens. Einen Kapitän und zweiundzwanzig Mann riß die Kugelgranate zu Boden: hinter einem Geschütz, mit zerschmettertem Arm, lag Admiral Nelson.

Wild tobte der Kampf. Wie Löwen fochten die tapferen Insulaner. Endlich kam der Gegner ins Wanken, nachdem der verwundete Admiral aufs Flaggschiff gebracht worden war. Die Boote der Fliehenden wurden von den Kugeln der Spanier durchlöchert und sanken, die Brigg »The Fox« war zusammengeschossen. Zweihundert Mann fanden den Tod in den Wellen. Der Rest der gelandeten Engländer, unter Kapitän Trombridge, ergab sich.

Für diesen ruhmreichen Sieg wurde Santa Cruz durch ein königliches Edikt Karls IV. zur Stadt erhoben.

Am dritten Tage nach der denkwürdigen Schlacht saßen der Milizsoldat Pablo und der Ochsentreiber Rodrigo zusammen vor der kleinen Schenke, die am Wege nach

La Laguna lag, und rühmten sich gegenseitig ihrer Heldentaten. Der Wirt Juan brachte einen neuen Krug Malvasier und ließ sich an ihrem Tisch nieder. Auch er war dabei gewesen und hatte daher das Recht, ein Wörtchen mitzureden.

»Gut haben wir es ihnen gegeben«, meinte Rodrigo, »das Wiederkommen werden sie vergessen!«

»Es lebe ›der Tiger‹, der dem britischen Löwen den Arm abgebissen hat!« rief der Milizsoldat und stürzte den Becher hinunter, während sich der Wirt nachdenklich den Kopf kratzte.

»Alles schön und gut«, gab er verbindlich zu bedenken, wie ein Mann, der stets der Ansicht seiner Gäste ist, »aber das dicke Ende kommt nach. Unseren Malvasier können wir von nun an allein trinken, denn so bald wird sich hier kein englisches Schiff mehr sehen lassen.«

»Ave Maria Purissima!« schrie Pablo und bekreuzigte sich, »das sagst du nur, weil du einen schlechten Schluck am Leibe hast. Mir soll es schon recht sein.« Er griff nach dem Krug und schenkte sich von neuem ein . . .

Doch es sollte anders kommen, wie es sich der Wirt gedacht hatte. Zwar mieden die englischen Schiffe von nun an Santa Cruz, aber auf den rotgoldenen Malvasier, den Nektar der Götter und die Ambrosia des Himmels, wollten sie nicht verzichten. Singt doch ein namenloser Dichter von ihm:

»Quel est ce vin? D'où vient-il, je vous prie?
D'où l'avez-vous? Il vient de Canarie!
C'est un nectar, un vrai breuvage d'élu,
Dieu nous le donne, et Dieu veut qu'il soit bu!«

Ein Ausweg war schnell gefunden. Der Hafen von Orotava, auf der Nordseite der Insel, erfreute sich von nun an des regen Besuchs dickbäuchiger englischer Kauffahrteischiffe.

Der kleine Ort, eben noch ein unbedeutendes Fischerdorf, vergrößerte sich zusehends. Weinhändler eröffneten hier ihre Bodegas, lange Lagerschuppen dehnten sich am Strand, von allen Seiten zogen Leute herzu, Arbeit gab es in Hülle und Fülle.

Der Wirt Juan hatte seine Schenke in Santa Cruz verkauft und eine Hafenkneipe in dem aufblühenden Puerto eingerichtet. Rodrigo schaffte mit seinen Ochsen die schweren Halbstücke zum Kai, und mit dem Pikett, das der Militärgouverneur zum Schutze des Ortes ins Kastell San Felipe legte, war auch der Milizsoldat Pablo herübergekommen.

Allabendlich saßen die drei nun wieder zusammen bei einem Kruge Malvasier und gedachten der heldenhaften Schlacht von Santa Cruz, die nun schon bald zwei Jahre zurücklag.

An einem schönen Sonntagnachmittag war es, als die Freunde, wie üblich, dem Wein zusprachen.

»Ja«, meinte der Milizsoldat Pablo und drehte unternehmungslustig seinen kriegerischen Schnurrbart, »es ist schon lange her, daß wir einen ordentlichen Spaß hatten. Ich gäbe etwas darum, aber wie sehr ich auch nachdenke, mir fällt nichts Gescheites ein.«

»Was ist das?« unterbrach ihn der Ochsentreiber und deutete mit der Hand aus dem geöffneten Fenster. Auch der Wirt beugte sich hinaus, um den seltsamen Aufzug zu sehen, der geradewegs über den Platz auf seine Schenke zukam.

Drüben schritt, in schwarz- und weißkariertem Gehrock, gelber Weste und grauem, hohem Zylinderhut ein baumlanger »Mister«, dessen Paß man nicht erst zu sehen brauchte, um zu wissen, daß man einen waschechten Sohn Albions vor sich hatte. Um die Schultern gehängt trug er einen Malkasten, unter dem Arm eine zusammengeklappte Staffelei. Schreiend umdrängte ihn eine Horde Fischerjungen, deutlich hörte man ihre Rufe: »Penny! Penny!«

Ab und zu griff der Engländer in die Tasche, holte eine Handvoll Kupfermünzen hervor und warf sie unter die johlende Dorfjugend. Eine wüste Katzbalgerei entstand, einen Augenblick wurde er seine Verfolger los, doch gleich hatten sie ihn wieder eingeholt.

Jetzt blieb er vor der Wirtschaft stehen und studierte nachdenklich das Schild. Sofort sprang der Wirt an die Tür und nötigte ihn mit einladenden Verbeugungen näherzutreten.

Gemessenen Schrittes folgte der Engländer der Aufforderung, stellte seine Staffelei in die Ecke, nahm den Malkasten von der Schulter, setzte den grauen Zylinderhut auf den Tisch und ließ sich nieder.

Der Milizsoldat stieß den Ochsentreiber an. Seine scharfen Augen hatten sofort erspäht, daß der Fremde eine Perücke trug. Gespannt starrten die beiden hinüber, zu sehen, was sich nun ereignen würde.

»Whisky!« sagte der Engländer nur und warf ein Geldstück auf den Tisch: »Whisky!«

Ratlos sah sich der Wirt um. Whisky! Was mochte das sein? In seinem ganzen Leben hatte er das Wort noch nicht gehört. Aber ein Wirt darf sich nicht verblüffen lassen. Schnell trat er an das dickbäuchige Faß, füllte einen Becher mit Malvasier und setzte ihn vor dem Gast nieder. Der roch daran, machte eine abwehrende Handbewegung und sagte erneut: »Whisky!«

»Aha!« dachte der Wirt, »der Mann hat Durst und will Wasser haben.« Schon war er draußen an der Pumpe und kam mit einem gefüllten Krug zurück.

Als der Mister das Wasser sah, schüttelte er sich, als hätte man ihm einen Eimer voll über den Rücken gegossen.

In diesem Augenblick trat der Fischer Antonio ein. Vor Jahren hatte er als Vollmatrose auf einem Dreimaster Dienst getan und war öfter nach Liverpool gekommen. Seine englischen Sprachkenntnisse waren nicht gerade überwältigend, doch dem Wirt erschien er im Augenblick als Retter in der Not.

Antonio erklärte dem Fremden, daß man Whisky hierzulande nicht kenne, worauf der Engländer ein paar Krüge Malvasier bestellte und den Milizsoldaten, den Ochsentreiber und den Wirt an seinen Tisch lud. Getreulich übersetzte der Fischer den Aufhorchenden, was Mister Whisky zu berichten hatte.

Um es kurz zu machen: er war gestern mit der »Lady Mary« angekommen und gedachte ein paar Wochen auf Teneriffa zu verweilen. Farben hatte er genügend mitgebracht —er deutete auf den großen Malkasten—, um alles auf der Leinwand festzuhalten, was ihm irgendwie bemerkenswert schien. Wenn sie ihm helfen und ein wenig die Insel zeigen wollten, würden sie es nicht zu bereuen haben. Dabei schlug er auf seine Tasche, in der die Goldstücke nur so klimperten.

Der Ochsentreiber, der sofort merkte, daß hier leichter Geld zu verdienen war, als wenn er sich mit den schweren Weinfässern abrackerte, stieß seine Freunde an. Diese sagten zu, und der Brite drückte jedem von ihnen als Handgeld ein rundes englisches Pfund in die Rechte.

Von nun an malte »Mister Whisky«, wie ihn bereits das ganze Dorf nannte, alles, was ihm vor die Augen kam: den Anlegesteg von Santa Barbara mit den Fischerbooten, die kleine Kapelle von San Telmo, Marktweiber und Gemüsestände, Kakteen, Fächerpalmen und Sonnenuntergänge. Getreulich begleiteten ihn dabei die drei Freunde. Der Fischer übersetzte die Wünsche des Engländers, Pablo und Rodrigo hatten die Aufgabe, die staunende Volksmenge in gebührender Entfernung zu halten.

Eines Tages, als sie wieder in der kleinen Schenke zusammen saßen, erklärte Mister Whisky, daß er jetzt von dem Hafen genug hätte und nun die Stadt Orotava selbst sehen wollte. Sofort wurde ein Plan ausgearbeitet, diesen Wunsch in die Tat umzusetzen, und man beschloß, den Ausflug am nächsten Sonntag auszuführen.

Der Wirt hatte sich erboten, vorauszureiten und für Wein und die nötigen Lebensmittel zu sorgen, während Rodrigo inzwischen seinen hohen, zweirädrigen Ochsenwagen herrichtete. Eine große Kiste diente als Sitzbank, ein Bettuch, an vier aufrechte Stäbe gebunden, als Sonnenzelt.

Am frühen Morgen ging die Fahrt los. Kinder begleiteten jubelnd und schreiend den Karren bis zum Ausgang des Dorfes. Dann begann der Weg zu steigen. Schritt für Schritt zogen die Ochsen das knarrende Gefährt über das holprige Pflaster. Zwischen den Deichseln hockte Rodrigo, rechts und links auf der großen Kiste neben dem Engländer, dessen hoher Zylinderhut fast das Sonnenzelt berührte, saßen, wie seine Leibgarde, der Fischer und der Milizsoldat.

Ab und zu ließ Mister Whisky halten. Ein verkrüppelter Feigenbaum, ein hohes Weizenfeld erregten seine Aufmerksamkeit. Schon hatte er den Zeichenblock in der Hand und warf eine flüchtige Skizze aufs Papier. Dann ging es im gemächlichen Ochsenschritt weiter.

Unterdessen war der Wirt auf seinem Maultier in Orotava angekommen und hatte den seltsamen Besuch angekündigt. Die ganze Stadt war auf den Beinen, Mister Whisky gebührend zu empfangen. Eilig wurden Girlanden über die Hauptstraße gezogen und ein Triumphbogen aus Palmenwedeln errichtet. Auf dem Marktplatz stand die Musikkapelle, und der Bürgermeister war dabei, eine Begrüßungsrede aufzusetzen.

Die Kunde des unverhofften Besuchs war auch zu Ohren des Grafen Monteverde gedrungen, dem sämtliche Weingüter um Orotava gehörten. Er konnte die Engländer nicht leiden und sah hier die Gelegenheit, einen Sohn Albions nach allen Regeln der Kunst lächerlich zu machen und seine Landsleute von der Fremdenanbetung zu heilen. Sofort befahl er, in seinem Park ein Festmahl herzurichten, er selbst wollte den Gast der Stadt bewirten.

Gegen Mittag kam das Ochsengefährt in Sicht. Der Empfang war, wie die Chronik berichtet, »monumental!«. Als der Karren in die Hauptstraße einbog, gingen die Böller los, die Musik spielte einen Tusch, Tagesraketen stiegen in das Blau des Himmels, barhäuptig hielt der Bürgermeister seine Ansprache. Dann ging es zum Park des Grafen Monteverde.

Der Engländer mußte auf dem Ehrensitz neben dem Hausherrn unter der großen Araukarie Platz nehmen. Dann ließen sich die Honoratioren des Städtchens nieder, während das Volk in achtungsvoller Entfernung stand. Niemanden hatte der Graf den Eintritt verwehrt, denn er wollte recht viele Zuschauer haben.

Es gab gebackene Seezungen mit spanischem Pfeffer, scharf gewürzten Hammelbraten, Reisauflauf und goldgelbe Ananas. Fleißig trank der Hausherr seinem Gaste zu. Auch der Bürgermeister, die Honoratioren, der Ochsentreiber, und wer sonst an der Tafel saß, taten ihm gehörig Bescheid.

Bis jetzt hatte Mister Whisky aufrecht und selbstbewußt am Tisch gesessen, doch allmählich begann er, seine steife Haltung zu verlieren. Der spanische Pfeffer reizte seinen Durst mehr und mehr, immer schneller stürzte er den schweren Malvasier hinunter.

Bald stellte sich die Wirkung ein, auf die der Graf wartete. Die Perücke des Engländers verschob sich, seine Glatze kam zum Vorschein, er wurde lustig, begann ein Lied zu singen und umarmte wieder und wieder seinen Gastgeber. Der Graf benutzte die Gelegenheit, ihm mit einem Stück Holzkohle, unter dem schallenden Gelächter der Anwesenden, einen Ziegenbock auf die Stirn und zwei große Fragezeichen auf die Backen zu malen.

Zum Schluß erhob sich Mister Whisky zu einer Dankesrede. Was er sagte, verstand niemand außer dem Fischer, der die letzten Worte übersetzte. Sie lauteten:

». . . und wenn ich nach Old England zurückkehre, will ich allen erzählen, daß es auf Teneriffa einen Wein gibt, der immer durstiger macht, Soldaten, die englische Fahnen erobern und Kanonen, die Horatio Nelson den linken Arm wegreißen. Besten Dank!« Damit fiel er schwankend unter den Tisch.

Spät in der Nacht kehrte der Ochsenkarren mit dem betrunkenen Engländer nach dem Hafen zurück, und am nächsten Morgen lichtete die »Lady Mary« die Anker. Als Mister Whisky glatzköpfig in Liverpool ankam, soll er wieder nüchtern gewesen sein.

Im Volksmunde lebt die Geschichte von dem denkwürdigen Festessen im Park des Grafen Monteverde weiter fort. Und noch manchem Engländer ruft die Straßenjugend von Orotava heute wie ehedem nach: »Mister Whisky! Mister Whisky!«

DER FREMDE

Am Fuße des wellig vom Ringkamm zum Meer abfallenden Tales von Orotava, auf halbkreisförmiger Landzunge, die sich wie eine breite Nase in den Atlantik schiebt, steht das schmucke Puerto de la Cruz, dessen Häuser, gleich bunten Würfeln von Riesenhand dahergerollt, in der Sonne gleißen. Auf der Reede schaukeln Frachtschiffe aller Herren Länder, tief im Wasser liegende Leichter streben schwerfällig auf sie zu, hoch türmen sich klobige Weinfässer, Kisten mit Traubenrosinen und Berge von Zwiebeln am Kai.

Unweit des Hafens dehnt sich der ausladende, viereckige Platz, der den Namen »Plaza de la Constitución« trägt und Mittelpunkt des geschäftigen Treibens ist. Hochrädrige Ochsenkarren knarren über das holprige Pflaster, Maultiere mit breiten Tragkörben trotten schwerfällig dahin, über das bunte Gewimmel der schreienden und schwatzenden Menge tönen hell die Stimmen der Obstverkäufer.

Vor seiner »Fonda«, der einzigen Fremdenherberge des kleinen Ortes, saß der Wirt Don Pedro Aguilar und las die »Ilustración Española«, die beste Zeitschrift der Halbinsel, die wöchentlich in Madrid erschien. Mit dem letzten Postschiff hatte er drei Nummern auf einmal erhalten, die er an diesem Morgen wohlgefällig studierte.

Da war gleich auf der ersten Seite das Bild Isabellas II. Er rechnete nach: 1830 hatte sie das Licht der Welt erblickt, jetzt zählte sie also vierunddreißig Lenze, und dabei sah sie aus wie ein junges Mädchen. Nein, über seine Königin ließ Don Pedro nichts kommen, er hielt zur Tochter Ferdinands VII. Mochten die Leute raunen, was sie wollten! Hatte sie nicht in wenigen Wochen den Marokkokrieg siegreich beendet und die reiche Kolonie befriedet? Auf das Wohl des Vaterlandes kam es an und nicht darauf, was Karlisten im Volke verbreiteten und Lästerzungen weitertuschelten.

Eilige Hufschläge ließen ihn aufblicken. Von schweißbedecktem Maultier glitt ein Bursche, der ihm ein Schreiben überreichte. Es trug das Siegel des Gouverneurs von Teneriffa. Eilig überflog er es.

»Und wann wird er hier sein?« fragte er den Boten.

»In spätestens einer Stunde, ich überholte ihn kurz hinter Tacoronte.«

Schnell raffte Don Pedro die Zeitschriften zusammen und verschwand im Haus.

Bald darauf tönte seine mächtige Stimme durch den Patio: »Antonio! María! Juan!« Die drei besten Zimmer im Oberstock sollten hergerichtet werden. Ein Fremder kam, ein reicher Kaufherr aus Irland, mit Diener und Sekretär. Der Gouverneur selbst hatte die Gäste angezeigt. Aufgeregt schwenkte er das Schreiben. Schnell: Gleich würden sie hier sein.

Über den Platz bog eine von vier Rappen gezogene, lackglänzende Karosse. Auf dem Bock neben dem

Kutscher saß ein uniformierter Diener mit verschränkten Armen, im Wagen selbst zwei Herren, die lebhaft miteinander plauderten. Jetzt hielt das Gefährt vor der Fonda, der Diener sprang vom Bock und riß den Schlag auf. Tief verbeugte er sich, als der Fremde, gefolgt von seinem Begleiter, ausstieg. Wortreich begrüßte Don Pedro die Gäste. Der Sekretär winkte ab.

Inzwischen war der Fremde in den Patio getreten. Träumerisch blickten seine dunklen Augen zu dem holzgeschnitzten Rundgang des Oberstocks auf, den schlanke, efeuumrankte Säulen trugen. Bunte Topfblumen standen im Halbschatten junger Fächerpalmen, ein Springbrunnen plätscherte, aus den Gesindezimmern klang der wohllaute Gesang einer Mädchenstimme.

Lauschend stand der Fremde. Aufmerksam betrachtete ihn Don Pedro. Wie ein Kaufherr sah er nicht aus und wie ein Irländer auch nicht. Sein schwarzes, in der Mitte gescheiteltes Haar, die hohe, freie Stirn, der gepflegte Vollbart ließen in ihm eher einen Künstler vermuten. Wie alt mochte er sein? Vielleicht Anfang der Dreißig. Ob einer der Gäste überhaupt spanisch verstand? Bis jetzt hatte keiner ein Wort gesprochen, nur der Sekretär hatte abgewinkt.

Der Gesang war verstummt. Fragend sah sich der Fremde um. Dienstbeflissen wies Don Pedro auf die Treppe, dann stieg er vorauf in die Gastzimmer.

Die Kunde von der überraschenden Ankunft des reichen Ausländers lief schnell durch den kleinen Ort. In allen Tavernen, am Hafen, selbst in der Kirche sprach man von nichts anderem. Die einen behaupteten, er wäre ein verkleideter Prinz, andere hielten ihn für einen Gelehrten, der gekommen war, nach verborgenen Schätzen zu suchen, wieder andere nahmen ihn für einen Weltreisenden, der die Erde von Pol zu Pol durchstreifte und dicke Bücher über fremde Völker schrieb.

Auch Don Pedro zerbrach sich vergeblich den Kopf. Da saß er nun über dem Fremdenbuch und studierte den Namen des feinen Herrn, der seine besten Zimmer innehatte. Dreimal putzte er seine Brille, zum Schluß holte er das Vergrößerungsglas. So sehr er sich aber auch mühte und zu buchstabieren versuchte, unleserlich blieb das, was da geschrieben stand.

Schließlich ging es ihn nichts an, wie der Fremde hieß und wer er war. Don Pedro wußte, was sich gehörte. Einen so feinen Herrn fragte man nicht nach dem Namen, und anreden tat man ihn einfach mit »Euer Gnaden!« Das paßte zu jedem Stand. Er beschloß die Augen offen zu halten, die Zeit würde das Rätsel schon lösen.

Das Essen nahm der Fremde auf seinem Zimmer. Sonst saß er meist im Garten hinter dem Haus unter dem großen Nußbaum. Vor ihm lag ein in rotes Saffianleder gebundenes Buch, in das er mit zierlicher Steilschrift Eintragungen machte. Ab und zu blickte er nachdenklich hinauf zu dem schimmernden Kegel des Teide, dann schrieb er weiter. Einmal hatte er vernehmlich geseufzt. Deutlich hörte es Don Pedro, der ihn aus dem Küchenfenster beobachtete.

Eine Woche war der Fremde nun schon hier, als er zum ersten Male das Wort an den Wirt richtete, der das Gießen der Blumen im Garten überwachte. So erschrokken war Don Pedro von der plötzlichen Anrede, daß er sichtlich zusammenfuhr. Musikalisch klangen ihm die Worte seines Gastes ins Ohr. In akzentfreiem Kastilianisch waren sie gesprochen, wie man es auf der Universität von Salamanca lehrte.

Noch mehr aber als die unerwartete Anrede erstaunten ihn die Worte selbst. Der Fremde hatte sich erhoben, auf den gewaltigen Bergriesen gedeutet und gesagt: »Wahrlich, Don Pedro, ein Grabhügel eines Kaisers würdig!« Es klang wie eine Todesahnung.

Wenige Tage darauf reiste er ab.

Der Herbst jährte sich zum dritten Male, seit der Fremde so plötzlich aufgetaucht und ebenso plötzlich verschwunden war. Man erinnerte sich kaum noch an ihn. Ausländer waren eben merkwürdig und anders als andere Menschen.

Auch Don Pedro dachte nicht mehr an ihn, besonders nicht in diesem Augenblick. Das Postschiff war eingetroffen, vor ihm lag die letzte Nummer der »Illustración Española«, die er jetzt bedächtig aufschlug.

Was war das? Auf der ersten Seite sprang ihm groß und mächtig das Bild des geheimnisvollen Fremden entgegen. Er trug eine ordensgeschmückte Uniform, doch er war es. Das schwarze, in der Mitte gescheitelte Haar, die dunklen, träumerischen Augen, der gepflegte Vollbart ließen keinen Zweifel.

Darunter stand: »Kaiser Maximilian von Mexiko. Erschossen von Insurgenten am 19. Juni 1867 an der Mauer von Querétano.«

II.

Gran Canaria, die Heldenhafte Insel

Atidamana

⌒ ° ⌣

Ein portugiesisches Fischerboot, das der scharfe Nordost des Atlantiks weit nach Süden verschlagen, brachte die Nachricht heim, die mit Windeseile durch die Hafengassen Lissabons lief. Sie überquerte die breiten Prachtstraßen und Plätze der Perle des Tejo, erkletterte die Höhen der Sieben-Hügel-Stadt und drang ins Königsschloß. Von geheimnisvollen Inseln raunte sie, mitten im Weltmeer, auf denen seltsame Früchte reiften, von großen, zottigen Hunden und gigantischen Menschen, die in Ziegenfelle gehüllt einhergingen, von wogenden Kornfeldern und rotbraunen Steilklippen.

Nachdenklich hörte König Alfons IV. die Mär. Die Verse des Horaz fielen ihm ein:

»Nos manet Oceanus circumvagus, arva beata,

Petamus arve, divites et insulas . . .«

Die Glücklichen Inseln! Sinnend starrte der Herrscher vor sich hin. Immer wieder tauchten sie in den alten Schriften auf; Herodot berichtete von ihnen, Plinius erging sich in bunten Schilderungen der Elysäischen Gefilde, Homer besang sie. Er zweifelte nicht an der Wahrheit des Gerüchts, das am Hofe umging und die Gemüter seiner Räte erregte. Wenn einem, dann stand es dem kühnen, seefahrenden Volke Portugals zu, festzustellen, was es mit dieser Kunde auf sich hatte.

Unverzüglich gab er Befehl, zwei Karavellen auszurüsten und in See zu stechen.

Unter den Abenteurern aller Herren Länder, die sich an Bord der Segler einschifften, befand sich auch ein portugiesischer Edelmann namens Facaracas. Jung, ungestüm und ruhmessüchtig wie er war, kam ihm der Aufruf des Königs mehr als gelegen. Er fühlte das Herannahen eines neuen Zeitalters und vertraute der Schärfe seines Schwertes. Was galt ihm das Leben? Wenn sein Name in die Geschichte der großen Entdecker einging, dann tat es nichts, daß das alte Geschlecht der Facaracas mit ihm erlosch.

So oder ähnlich mochten seine Gedanken gewesen sein, als die Boote der Abenteurer in den Ufersand des unbekannten Eilandes knirschten und er als erster an Land sprang.

Beim Anblick der Fremden waren die Eingeborenen in die undurchdringlichen Wälder und hohen Gebirgsketten geflohen. Neugierig erbrachen die Abenteurer die verlassenen Hütten und raubten, was sie fanden. Ziegenfelle, Talg, Fischöl, getrocknete Feigen und Maiskuchen häuften sich an Bord der Karavellen. Auch vier Hirten, die die Landung nicht bemerkt hatten, fielen ihnen in die Hände.

Ins Innere der Insel trauten sich die Abgesandten Alfons IV. nicht, und nachdem sie ein paar Wochen lang die Küste abgestreift hatten, rüsteten sie zur Heimfahrt.

Nur einer blieb zurück: Facaracas. Er hatte es sich in den Kopf gesetzt, das Eiland zu erforschen und damit basta! Wie sehr ihn die Gefährten auch baten, von dem wahnwitzigen Vorhaben abzusehen, nichts konnte den portugiesischen Edelmann von seinem Entschluß abbringen.

Kaum waren die Segel der Karavellen am Horizont verschwunden, als sich Facaracas auf den Weg machte. Unerschrocken und frohen Mutes schritt er auf die Gebirgskette zu.

Bald umfing ihn dichter Laubwald. Mit seinem Schwert schlug er einen Pfad durch das dürre Unterholz. Gegen Mittag gelangte er auf eine Lichtung und sah sich plötzlich von einem Dutzend Insulanern umringt.

Vergeblich versuchte er, sich mit ihnen zu verständigen. Endlich gelang es ihm, ihnen durch Zeichen begreiflich zu machen, daß er Hunger hatte. Bereitwillig gaben sie ihm von ihrem Gofio aus den prallen Lederbeuteln, die an ihrem Gürtel hingen. Dann nahmen sie ihn in die Mitte und schritten hurtig in den Wald hinein.

So gelangte Facaracas als erster Europäer nach Gáldar, der königlichen Residenz.

Damals herrschte auf Tamarán, wie die Guanchen Gran Canaria nannten, der hochbetagte Guanaterme (König) Guarigua. Kundschafter hatten ihm von der Landung der Fremden, der Plünderung der Hütten und der Gefangennahme der Hirten berichtet. Der Fremde, der da vor ihm stand, hatte den Tod verdient und mußte sterben. Doch nicht hinmorden wollte er ihn. Mochte er um sein Leben kämpfen. Siegte er, dann sollte ihm verziehen sein.

Facaracas wußte, worum es ging, als er in den Kampfplatz trat. Sein Gegner war der junge Guayre Alguin-Arguin, der triumphierend eine mächtige Keule schwang. Ein spöttisches Lächeln zuckte um die Mundwinkel des portugiesischen Edelmannes. Dieser Wilde wollte ihn, den besten Fechter von Coimbra, besiegen?

Doch er hatte sich getäuscht und nicht mit der Gewandtheit des jungen Kriegers gerechnet. Blitzschnell war der Guayre dem tödlichen Stoß seines Degens ausgewichen, und schon wirbelte die schwere Keule auf das Haupt des Portugiesen nieder. In ehrlichem Zweikampf erschlagen lag der letzte Sproß der Facaracas auf der braunen Erde Tamaráns. Sein Name war in die Geschichte eingegangen.

Bald darauf starb der König, und Alguin-Arguin wurde zum Guanaterme gewählt. Er ernannte Guayres (Edle) und Faycanes (Priester) und regierte streng und gerecht nach dem Vorbilde des weisen Guarigua.

Zur Gemahlin nahm er Tenaguana, ein junges Mädchen aus Telde, von fürstlichem Blut. Ihrer Ehe entsproß als einziges Kind eine Tochter, die sie Atidamana nannten, was soviel bedeutete wie Nachtigall. Helläugig und schlank wuchs sie heran zum Stolz ihrer Eltern. Das Schönste aber, was sie besaß, war ihre wundervolle Stimme, die ihren klangvollen Namen den Guanchen zum Inbegriff der Sangeskunst werden ließ.

Bei den Magades, den heiligen Priesterinnen, im Tamo gantem Acorán, dem Haus des Allmächtigen Gottes, am Fuße des heiligen Felsen Tirma, wurde sie erzogen.

Blieb der Regen aus, schlugen Seuchen die Herde, verwüsteten Unwetter die fruchtbaren Felder, dann strömten von allen Teilen der Insel die Gläubigen herbei und flehten im Angesicht des Heiligtums um Schutz und Hilfe. Auf der Spitze des Felsens Tirma aber stand die junge Atidamana mit hocherhobenen Armen. Ihr flehender Bittgesang, der wehmütig zum Himmel scholl wie der melodische Klang einer Hirtenflöte, rührte Acorán, und bald verwandelte segenspendender Regen das graue, ausgedörrte Land in einen blühenden Garten. Kein Wunder, daß sie die Vasallen wie eine Heilige verehrten.

Doch beim Erntefest, bei Hochzeiten, bei öffentlichen Feiern jubilierte ihre Stimme. Dann klang sie wie das lustige Tirilieren der bunten Vögel, wie silbernes Glockenläuten und freudige Schalmeien. Das Andenken im Kampfe gefallener Helden besang sie und den Ruhm ihres Vaters, der den Fremden im Zweikampf erschlug. Von der Größe Gáldars und der Güte Acoráns, der die herrliche Insel Tamarán beschirmte, tönte ihr Lied. Von Sagen aus grauer Vorzeit flüsterte es und kündete aufjauchzend glückverheißende Zukunft.

Dann strahlten die Augen der Mädchen im Tagoror. Heiße Blicke flogen hinüber zu den Jünglingen, und manch stilles Liebesband wurde geschlungen, ehe die goldene Stimme der Königstochter mit sinkender Sonne verklang.

Atidamana war zur stattlichen Jungfrau erblüht, als der Feind erneut auf der Insel landete. Sofort rief der Guanaterme seine Krieger zu den Waffen und zog ihm entgegen. Eine heiße Schlacht entspann sich, und bald mußten die Portugiesen weichen. Mehr als die Hälfte der Eindringlinge lag erschlagen am Boden. Doch auch viele der tapferen Guanchen hatten ihr Leben lassen müssen, und zu Tode verwundet wurde König Alguin-Arguin vom Kampfplatz getragen . . .

Schweigen herrschte im Palast von Gáldar. Wo sonst die befehlsgewohnte Stimme des Guanaterme von den steinernen Wänden widerhallte, die festen Schritte der Edlen ertönten, huschten lautlos die bloßen Füße der um das Leben ihres Königs zitternden Vasallen über die glatten Fliesen.

Auf weichem Lager ruhte Alguin-Arguin. Leise schluchzend, den Kopf in die Felle vergraben, kniete Atidamana am Lager des Vaters. Sanft fuhr die Hand des Sterbenden über das seidenweiche Haar seines Kindes.

Am Fußende, den Blick auf das Antlitz des todwunden Königs gerichtet, stand der junge Held Guimidafe, der ihn auf seinen Schultern vom Schlachtfeld bis in den Palast getragen. Die Augen der beiden Männer trafen sich. Alguin-Arguin umfaßte noch einmal die Züge des tapferen Guayre. Mühsam richtete er sich auf und begann stockend und langsam zu sprechen.

»Atidamana«, sagte er, »bald werde ich sterben; vielleicht noch ehe die Sonne ihre leuchtende Stirn ins Meer taucht. Dann wirst du Waise sein und Königin dieser Insel, die ich über alles liebe. Doch bevor ich dahingehe in das Reich Acoráns, will ich dir einen Beschützer geben, der der künftige Guanaterme von Tamarán sein soll. Es ist der tapfere Guimidafe, von edlem Blut wie du selbst. Er wird dein Hort sein und Tamarán die Freiheit erhalten. Laß mich, meine Tochter, deine Hand in die seine legen . . .«

Drei Jahre waren seit dem Tod Alguin-Arguins vergangen. In den Gemächern des Palastes von Gáldar ertönte das fröhliche Lachen eines braunlockigen Knaben. Es war Artemi-Semidan, der Sohn Atidamanas und Guimidafes. Glücklich lebten die beiden in ihrer jungen Ehe, und der Segen des sterbenden Vaters trug seine Früchte: die brechenden Königsaugen auf dem Totenbette hatten sich nicht getäuscht.

Zufriedenheit und Wohlstand herrschte auf Tamarán. Hoch priesen die treuen Vasallen die Gerechtigkeit und den Edelsinn ihres Herrschers. Über alles aber liebten sie Atidamana. Denn obwohl sie jetzt Königin war, sang sie mit ihrer zauberhaften Stimme immer noch vor dem Volk, wenn die großen Frühlingsfeste in Gáldar gefeiert wurden.

Doch der glückliche Stern Tamaráns verdunkelte sich. In mondloser Nacht waren Truppen des normannischen Abenteurers Bethencourt an dem friedlichen Gestade gelandet. Im selben Augenblick erbebte die Erde, welk fielen die Blätter von den Bäumen, pfeifender Sturm heulte um den Königspalast.

Getreu seinem Schwur zog Guimidafe dem Feinde entgegen, und Atidamana begleitete ihn in die Schlacht.

Bei Morgengrauen entspann sich der Kampf. Verzweifelt fochten die mutigen Söhne Tamaráns gegen die überlegenen Waffen der Normannen. Immer wieder brachen ihre todesverachtenden Angriffe im Feuer der Kartaunen zusammen. Schon war der rechte Flügel der Guanchen im Weichen, da erklang die Stimme Atidamanas.

Wie Meeresbrausen tönte sie über das Schlachtfeld, stieg auf zu hellem, siegkündendem Adlerschrei, schwang hinab, schwoll an, brach sich an den Felsen der Steilklippe und hallte in hundertfachem Echo von den Schroffen des Handgebirges wieder. Sie sang von Liebe und Haß, von Heldentum und Kriegertod, von den Taten der Ahnen und der Freiheit Tamaráns.

Nie hatten die Vasallen so die Stimme ihrer Königin gehört. Zum letzten Angriff gingen sie vor und vernichteten den fliehenden Feind.

Doch teuer erkauft war der Sieg. Tot auf der Walstatt, inmitten erschlagener Feinde, lag König Guimidafe. Eine mörderische Büchsenkugel hatte ihn ins Herz getroffen.

Langsam bewegte sich der Trauerzug nach Gáldar. Hinter der Bahre des edlen Guanaterme, tränenlos, schritt Atidamana. Am Fuße des Heiligen Felsens Tirma wurde er beigesetzt.

Als sich der steinerne Grabhügel über dem toten König türmte, tat Atidamana den Schwur, die Herrschaft zu führen im Sinne des Helden, bis ihr Sohn Artemi-Semidan großjährig war.

Dann stieg sie hinauf auf den Felsen Tirma. Hoch hob sie die Arme und blickte zum Himmel, der wie in Trauer

mit düsteren Wolken verhängt war. Klagend klang ihr
letztes Lied über die Köpfe des weinenden Volkes:

>»Guimidafe fiel, der tapfere Held,
Für Tamaráns Schutz und Wehr,
Der König von Gáldar ging dahin,
Und Atidamana singt nicht mehr . . .«

Das unsichtbare Band

Vier wohlbestückte spanische Kriegsbrigantinen
durchfurchen die nächtliche See. Schwarzen, unheimlichen Fabeltieren gleich streben sie beutelüstern übers
Meer. Nur hie und da ächzt eine Brasse, ein Segel knattert,
dumpf hallt der Ruf des Steuermanns über Deck . . .

Auf der Brücke des Flaggschiffes steht Don Pedro
Cabrón, der stolze Ratsherr von Cádiz und Leiter der
Expedition gegen die Ungläubigen auf Gran Canaria.
Kein Geringerer hat ihm den Oberbefehl anvertraut als
der Militärgouverneur von Lanzarote. Sklaven soll er machen, denn hoch stehen die kraftstrotzenden Guanchen
im Kurs. Hat ihm nicht der fromme Dekan Bermúdez
selbst versichert, daß es Gott wohlgefällig ist, Heiden zu
fangen und ihre armen Seelen zu retten? Mochten sie auf
dieser Welt Heimat und Freiheit verlieren! Was tat es,
wenn sie der ewigen Verdammnis entgingen . . .

Schon taucht rosenfingrig die Morgenröte aus nachtdunkler See. Wie duftige Schleier entschweben die Frühnebel zum türkisfarbenen Himmel und enthüllen das breite Bergmassiv der Insel. Drüben breitet sich der Strand von Arguineguín. Im stillen Wasser der Bucht gleiten die Schiffe aus. Segel werden gerefft, Ankerketten rasseln, schnell sind die Boote bemannt. Eilige Ruderschläge treiben sie ans nahe Ufer: die überraschende Landung ist geglückt.

Weit und breit läßt sich kein Heide blicken, doch warnende Pfiffe von den Bergen künden den Spaniern, daß ihre Ausbootung nicht unbemerkt geblieben ist. Unverzüglich treten sie den Vormarsch ins Innere an. In der Nachhut reitet Don Pedro Cabrón.

Verlassene, palmengedeckte Hütten ... vereinzelte Steinhäuser ... Schuppen mit Ziegenhäuten ... überdachte Tennen ... Viehherden, deren Hirten entflohen sind ...

Die Beute ist groß. Schafe und Ziegen werden zusammengetrieben, Lebensmittel an den Strand geschafft. Da gibt es getrocknete Feigen, runde und viereckige Käse, Ledersäcke mit geröstetem Mehl, Palmenbirnen, Tonkrüge voll süßen Fruchtsaftes, goldgelbe Datteln und junge Farnwurzeln. Immer weiter dringen die Spanier vor, doch noch keinen Gefangenen haben sie gemacht. Eine tiefe Schlucht nimmt sie auf. Zu beiden Seiten steigen die Felswände senkrecht zum Himmel, dichte Brombeerhecken ranken herab.

Unheimlich wird dem Ratsherrn zu Mute. Ist es eine Falle, die sich da vor ihm auftut? Soll er den Befehl zum

Rückmarsch geben? Nein, er fürchtet die halbnackten Ungläubigen nicht.

In seine Gedanken hinein prasselt ein Steinhagel, die Hölle hat sich aufgetan. Wild tönt das Geschrei der Guanchenkrieger, ohrenbetäubend ihr todkündendes Pfeifen. Felsen lösen sich und poltern donnernd in die Tiefe, Baumstämme sausen herab, dazwischen surren federnde Eschenlanzen wie geflügelte Sarazenenpfeile.

In wilder Flucht stürmen die Spanier zurück, nur wenige erreichen die Küste und mit ihr die rettenden Boote. Unter ihnen Don Pedro Cabrón. Blut rinnt über seinen Brustpanzer. Eine Handvoll Steine hat er ins Gesicht bekommen, die Zähne sind ihm eingeschlagen, stöhnend wird er an Bord gezogen.

Ein glänzender Sieg der tapferen Söhne Tamaráns ist es, den sie über die Christen errungen haben. Vierundzwanzig Tote und über hundert Verwundete zählen die Feinde, achtzig sind gefangengenommen.

Unvergeßlich bleibt den Spaniern jener 24. August 1479 in der Geschichte ihrer Eroberungszüge. Der Chronist nennt ihn den »schwarzen Bartholomäustag« im Kampf um Gran Canaria.

Auf dem weiten, palmenumstandenen Platz vor dem Heiligtum von Telde saß inmitten seiner Edlen der Sieger, König Doramas, den die Nachwelt den Löwen der Guanchen nannte. Schweigend lauschte er den Worten, die der Faycan an ihn richtete. Es war so, wie der Oberpriester sagte: immer wieder kamen diese Fremden im Schutze der Nacht übers Meer, landeten irgendwo im fahlen Morgengrauen, überfielen die friedlichen Untertanen, verschleppten Männer, Frauen und Kinder und raubten, was ihnen in die Hände fiel.

Bisher hatten seine tapferen Krieger jeden Angriff abgeschlagen und die Gefangenen ausgetauscht. Ihr Edelmut verbot es ihnen, sich an den Wehrlosen zu vergreifen. Diesmal aber sollten die achtzig Christen, die gefesselt und wohlbewacht in der nahen Höhe lagen, sterben. Die Kunde von ihrem Tode würde übers Meer dringen und kein Fremder mehr wagen, seinen Fuß auf den Strand Tamaráns zu setzen, wenn er wußte, was ihm bevorstand. Noch ehe die Sonne sank, sollten sie hier an dieser geweihten Stätte lebend verbrannt werden.

Vier große Scheiterhaufen wurden kunstvoll gerichtet. Trockene Palmenwedel, verdorrte Äste, abgestorbenes Unterholz türmte sich. Dann brachte man die Gefangenen. Während sie auf die Richtstätten gebunden wurden, trat der Faycan mit einer Fackel aus dem Heiligtum, die er am ewigen Tempelfeuer entzündet. Viermal stieß er sie in jeden Haufen.

Schon qualmte schwarzer Schwaden in den abendlichen Himmel. Stumm im Kreis standen die Guanchen. Düster blickte König Doramas zur Erde, nur in den Augen des Oberpriesters leuchtete tödlicher Haß.

Da teilte sich der Ring der Krieger. Ein altes Weib mit grauem, wildzerzaustem Haar stürmte herein, warf sich vor den Edlen auf den Boden und schrie: »Aymedeyacoan, mein Sohn, höre mich! Fliehe von dem Platz des Grauens! Nicht teilhaben sollst du an dem Mord wehrloser Vasallen, die nichts taten, als dem Befehl ihres

Feldherrn zu gehorchen — auch wenn es Christen sind. Ich, die ich deine Mutter bin und das heilige Amt einer Priesterin im Tempel verwalte, warne dich! Acorán hat es mir im Traum offenbart: Schreckliches wird über unsere Insel kommen, wenn der Mord geschieht!«

Und ehe der König noch ganz die furchtbare Weissagung begriffen, war Aymedeyacoan auf den nächsten Scheiterhaufen zugestürzt und hatte mit seinem Steinmesser die Bastfesseln der Gefangenen durchschnitten.

Von abergläubischem Schrecken gepackt folgten die Edlen seinem Beispiel, und König Doramas selbst sprang hinzu und half, die dem Tod Geweihten zu befreien. Wortlos and finsteren Blicks war der Faycan im Heiligtum verschwunden.

Zitternd fielen die Christen auf die Knie und beteten. Sie konnten sich nicht erklären, was das bedeutete. Stand ihnen eine neue, gräßlichere Marter bevor? Hatte die Heilige Jungfrau des Lichts die Herzen ihrer Peiniger gerührt?

Da tönte die Stimme des Königs über den Platz:

»Christen! Wir schenken euch Leben und Freiheit! Verlaßt die Insel und kehrt nie zurück. Denkt stets an unseren Sieg über euch und ergreift nie mehr die Waffen gegen eure Wohltäter!«

Dunkle Nacht breitete sich über Tamarán. In seiner kienspanerleuchteten Höhle vor einem kleinen Kruzifix kniete der Edle Aymedeyacoan. Inbrünstig dankte er dem Erlöser der Menschheit, daß er ihn ausersehen hatte, den

Mord an seinen Glaubensbrüdern zu verhindern: denn Aymedeyacoan war Christ.

Niemand wußte davon außer seiner alten Mutter, die ihm geholfen hatte, die achtzig Gefangenen dem qualvollen Tode zu entreißen. Niemand ahnte, daß es ein unsichtbares Band gab, das sein Schicksal mit dem der Fremden verknüpfte und das stärker und unzerreißbarer war als die Bande des Blutes; das Heilige Kreuz, das Zeichen des Gottessohnes, der da gesagt hatte: »Liebet eure Feinde . . .«

Unergründlich sind die Wege des Schöpfers der Welt! Und wie seine Lehre den Pfad zum Herzen der ersten Guanchen auf Gran Canaria fand, verkünden der Nachwelt die Aufzeichnungen eines frommen Augustiner Paters.

Aymedeyacoan hatte eine einzige Tochter namens Tenesoya Vidina, die die Guanchen ob ihrer Schönheit die Blume von Telde nannten. Allmorgendlich badete sie in dem kleinen Weiher unweit des Strandes, dem sich kein Jüngling nähern durfte, bis die Sonne ihren höchsten Stand erreicht.

Dort wurde sie eines Tages von einer spanischen Expedition überrascht und mit zwei Dienerinnen nach Lanzarote entführt. Der kastilische Edelmann Maciot Perdomo verliebte sich in die schöne Fürstentochter und heiratete sie. Bei der Taufe erhielt sie den Namen Luisa.

Trauer herrschte in Tamarán ob des frevelhaften Raubes, und da Tenesoya nicht nur die Tochter des Edlen Aymedeyacoan war, sondern auch die Nichte des Königs Doramas, ließ dieser kein Mittel unversucht, das Mädchen zurückzuerhalten. Die wiederholten Beutezüge der

Spanier gaben dem siegreichen Guanchen eine starke Waffe in die Hand: Gefangene. Auf hundertdreizehn war die Zahl der Christen angewachsen, die sich in seiner Gewalt befanden, als die Kastilier in den Tausch willigten. So kehrte Tenesoya mit ihrer Dienerin Tazirga in die Heimat zurück.

Die Lehre Christi war bei ihr auf fruchtbaren Boden gefallen und der göttliche Same aufgegangen. Sie unterrichtete den Vater in ihrem Glauben und pflanzte seine ewigen Wahrheiten in das edle Herz Aymedeyacoans. Dann taufte sie ihn im Namen der Heiligen Dreieinigkeit, wie sie selber getauft worden, und schenkte ihm ihr kleines Kruzifix.

Als der Mond zum vierten Male voll wurde, verschwand Tenesoya. Am Strand von Arguineguín wartete das Boot, das sie zur Karavelle ihres Mannes brachte, die draußen kreuzte.

Die einzige, die die Flucht bemerkte, war Guayarmina, die Tochter des Königs Doramas. Am Morgen erzählte sie, wie es geschehen.

Leise hatte sich Tenesoya von ihrem Fellager erhoben, eine unsichtbare Hand öffnete lautlos die schwere Bohlentür. Guayarmina wollte die Wächter rufen, doch wie ein festes Tuch lag es um ihren Mund, in dem der Schrei erstickte. Kein Hund schlug an, nichts rührte sich. Wie ein Geist entschwand die Gestalt Tenesoyas im silbernen Mondlicht den Blicken der Königstochter . . .

DER HINKENDE PEPE

Zwischen dem alten, steinernen Fort, das den Namen »Risco de San Nicolás« trägt, und der doppeltürmigen Kathedrale, dem Wahrzeichen von El Real de las Palmas, dehnt sich das dunkle Gewirr der schmalen Hafengassen, die einem bepackten Maultier gerade noch Durchlaß gewähren.

Ziellos schlenderte ich durch die Altstadt, als eine kleine Bodega meine Aufmerksamkeit erregte. Niedrig, rauchgeschwärzt, mit breiten Rissen in den dicken Steinmauern stand das Gebäude geduckt zwischen hochgiebligen Patrizierhäusern. Es mochte mehr als dreihundert Jahre alt sein, und obwohl es gerade keinen geheimnisvollen Eindruck machte, irgendwie wehte mich seine Vergangenheit an. In mir schwang die heldenhafte Geschichte der Stadt. »Dreihundert Jahre«, dachte ich, »das war doch . . .«

Kurz entschlossen trat ich ein.

In der Ecke standen dickbäuchige Weinfässer, von der Decke hing ein angeschnittener Schinken herab, um den ein Schwarm fettleibiger Fliegen summte. Hinter dem Schanktisch sah der Wirt von einem schmutzigen Notizbuch auf.

»Guten Tag, Euer Gnaden!« begrüßte er mich.

»Guten Tag!«

Ich ließ mich auf einen Hocker nieder und bestellte ein Glas Wein.

Bald hatten sich meine Augen an das Halbdunkel gewöhnt. Einfach und nüchtern war der Raum. Halbvolle Kognak-, Anis- und Wermuthflaschen standen auf der Theke, über dem steinernen Herd hing ein verrußter Kupferkessel, ein leerer Fliegenschrank gähnte.

»'ne Hafenbodega wie jede andere!« dachte ich und begriff auf einmal nicht mehr, wie ich hieher geraten war. Meine Phantasie mußte mir einen Streich gespielt haben.

Da fiel mein Blick auf die schmale Längswand. In ungelenken, halbverlöschten Buchstaben stand dort: AL COJO PEPE, Zum Hinkenden Pepe.

Ich mußte lachen. Für ein Lokal immerhin ein eigenartiger Name, mit dem es seine Bewandtnis haben mochte. Der Wirt hinkte nicht, also mußte es einer seiner Vorgänger sein, auf den sich die Inschrift bezog. Vielleicht konnte er mir Auskunft geben. Von Neugierde getrieben, bestellte ich eine Karaffe Lentiscal, der schwer und feurig durch die Kehle fließt, und bat ihn, an meinem Tisch Platz zu nehmen.

Ich hatte mich nicht getäuscht: der Mann wußte Bescheid. Und da er, wie alle Spanier, ein guter Erzähler war, blieb die Geschichte in meinem Gedächtnis haften.

»Der beliebteste unter den Soldaten vom Risco San Nicolás«, begann der Wirt, »war der Artillerist José Galdón, der von seinen Kameraden kurzweg Pepe genannt wurde. Klein, stämmig, untersetzt, hantierte er mit den schweren Kanonenkugeln, als ob es Kinderbälle wären, und seit er einmal im Streit einen baumlangen Portugiesen über eine mannshohe Mauer geworfen hatte, suchte niemand mehr Händel mit ihm. Sein Wunschtraum war es, eine Kantine zu besitzen, doch obgleich er schon sein halbes Leben bei der Waffe stand, hatte er ihn immer noch nicht verwirklichen können. Der Sold zerrann ihm zwischen den Fingern und wenn er wirklich einmal Ersparnisse machte, beim Würfelspiel oder einem fröhlichen Trinkgelage gingen sie wieder drauf.

So kam das böse Jahr 1599 heran, das Leid und Trauer über Gran Canaria und unserem Pepe die Erfüllung seines Herzenswunsches bringen sollte.

An einem schönen Julimorgen erschienen auf der Reede von Las Palmas dreiundsiebzig holländische Kriegsschiffe unter Führung des Admirals Pietro Wander-doez. Nichts mehr und nichts weniger verlangte der aufgeblasene »Mynheer« als die Übergabe der Stadt, einmalige Zahlung von vierhunderttausend Golddukaten, zehntausend Pesos jährliche Rente und Anerkennung der Oberhoheit der Niederländischen Republik.

Hohnlachend wies der spanische Kommandant Don Cipriano de Torres die unverschämte Forderung zurück, und schon begannen die Holländer die Stadt und die Strandfestungen zu bombardieren.

Das gefiel unserem tapferen Pepe nicht schlecht. Endlich war der Tag gekommen, wo er zeigen konnte, was ein richtiger Kerl hinter seinem Geschütz wert war. Sorgfältig richtete er seine Kanone auf das feindliche Flaggschiff. Und richtig! Der dritte Schuß saß in der Pulverkammer. Eine mächtige Feuergarbe lohte zum Himmel, und als sich der Rauch verzogen hatte, trieben nur noch

Trümmer der stolzen Fregatte auf den Wogen der weiten Bucht.

Inzwischen hatten die Holländer Boote losgemacht und ruderten mit Leibeskräften auf den nahen Strand zu. Wohlversteckt hinter Ufersteinen erwarteten sie die spanischen Milizen. Achtundsiebzig der schellfischäugigen Käseköppe mußten ihr Leben lassen: der Angriff war abgeschlagen.

Doch die Übermacht der Feinde mußte siegen. An anderen Stellen gelang es den Niederländern zu landen, und ehe der Mittag kam, hatten mehr als viertausend Mann auf der Insel Fuß gefaßt.

Die Festung La Luz war zusammengeschossen, das Kastell von San Francisco mußte sich ergeben, nur noch das kleine Fort Risco de San Nicolás verteidigte sich.

Schon lag die Hälfte der Besatzung tot am Boden. Doch unentwegt bediente der tapfere Pepe seine Kanone. Brüllend fuhren die Kugeln in die Reihen der stürmenden Feinde, grausig klang sein Lachen den verwundeten Kameraden ins Ohr, wenn er die brennende Lunte ans Zündloch legte.

Doch auch dieser heldenhafte Widerstand mußte sein Ende finden. Nur noch ein Schuß blieb den heroischen Verteidigern vom Risco San Nicolás. Sorgsam lud Pepe das Geschütz. Obenauf legte er die Schlüssel des Forts und mit der letzten Kugel flogen sie zum Feind hinüber.

Dann riß Pepe die kleine Seitentür auf, die ins Freie führte. Seinen Kameraden voran stürmte er über die Felshalde. Nur einer der Braven fiel, Pepe und zwölf Mann erreichten den schützenden Wald.

Am Abend drangen die Holländer in die Häuser, raubten und plünderten, was ihnen wert schien, und zündeten die schönsten Gebäude an: Freudenfackeln, die ihrem Siegestaumel leuchteten. Die halbe Stadt wurde zerstört, die Schiffe im Hafen verbrannt, die Festungen dem Erdboden gleichgemacht. Und doch sollte den Feind das Schicksal ereilen.

Die Bewohner von Las Palmas waren in die Berge geflüchtet, mehr als fünfhundert Milizen dem Gemetzel entkommen. In einer versteckten Schlucht sammelten sie sich, Boten wurden nach den Dörfern ausgesandt, von allen Seiten strömten Freiwillige herbei, den Heimatboden von den Eindringlingen zu säubern. Und während die Holländer sich ihrer Siegesfreude hingaben, war ein neues Volksheer im Entstehen.

Die Milizen hatten Pepe Galdón zu ihrem Führer ausgerufen, und als solcher erwies er sich wert. Immer wieder beunruhigte er durch nächtliche Plänkeleien und plötzliche Überfälle den Gegner, so daß der Admiral Wanderdoez sich gezwungen sah, den Kommandanten Darcal mit dem Hauptheer ins Innere der Insel zu senden, die »Versprengten« zu vernichten.

Darauf hatte Pepe nur gewartet. Der Hinterhalt für das feindliche Heer war vorbereitet und die Niederlage so furchtbar, daß sich niemals mehr holländische Kriegsschiffe am Gestade von Gran Canaria blicken ließen. Neben zweitausendfünfhunderteinundneunzig Soldaten war auch der Kommandant Darcal gefallen. Der Rest entkam auf die Schiffe, die eilig die Anker lichteten.

Dem tapferen Pepe hatte eine Büchsenkugel den Fuß zerschmettert, Brand war eingetreten, das Bein mußte abgenommen werden.

Da lag er nun auf seiner Holzpritsche mit zusammengebissenen Zähnen, während der Feldarzt an offener Flamme die Knochensäge abbrannte. Um ihn her standen seine getreuen Kameraden und sprachen ihm Trost zu.

Dann wurde eine Pinte Rum herbeigeschafft. Immer wieder füllte der Heilgehilfe Eusebio den großen Lederbecher und gab dem Verwundeten zu trinken, bis sein Kopf bewußtlos zurücksank. Das Ansetzen der Knochensäge spürte Pepe nicht mehr, und als er aus seinem Rausch erwachte, lag er in einem festen Verband. Er hatte ein Bein weniger, aber sein Leben war gerettet.

Schnell genas er und wenige Wochen später sah man ihn bereits an einer Krücke umherhumpeln. Doch was nun? Mit seinem Beruf war es aus, die Pension schmal, Ersparnisse besaß er keine.

Aber Pepe hatte nicht mit der Treue seiner braven Kameraden gerechnet. Der Sergeant Miguel war der erste, dem der Einfall kam. Wie konnten sie am besten ihrem Pepe helfen? Wie sein Schicksal weiter mit dem ihren verbinden? Nichts einfacher als das! Hatte er nicht immer von einer Kantine geträumt? Nun gut, seine Kantine sollte er haben, wo sie mit ihm zusammensitzen und von ihren Erinnerungen plaudern konnten.

Eines Abends, nach Beendigung des Dienstes, gingen sie an die Ausführung ihres Plans. Von den zerschossenen Häusern schleppten sie Bausteine herbei, und ehe

Weihnachten herankam, war das Gebäude fix und fertig. Nichts fehlte: nicht die Fässer mit Wein, nicht der steinerne Herd, nicht die Schlafkammer mit dem roh gezimmerten Feldbett.

Am Neujahrsabend fand die Einweihung der Kantine statt. Immer wieder umarmte der gerührte Pepe seine treuen Freunde.

Der Lentiscal floß in Strömen, über dem brennenden Herd hing eine Kupferpfanne, in der Ölgebäck prutzelte, Soldatenlieder erschallten, und als die Glocken der Kathedrale das Neue Jahrhundert einläuteten, hielt der Sergeant eine Rede.

Kaum waren die gegenseitigen Glückwünsche verklungen, da meinte er: ›Alles ist schön und gut, nur eins fehlt!‹

Erstaunt sahen die Kameraden auf, der Sergeant aber fuhr fort: ›Wir müssen dem Kind einen Namen geben.‹

Ratlos blickten sich die Getreuen an. Vorschläge wurden gemacht und verworfen, man schwankte zwischen dem und jenem, man kam zu keiner Einigung.

Und wieder hatte der Sergeant den Gedanken. Wortlos stand er auf, ging zum Herd hinüber, nahm ein verkohltes Scheit auf und malte mit ihm große, schwere Buchstaben an die weißgekalkte Wand. Er war der einzige vom Risco San Nicolás, der schreiben konnte.

Dann las er mit lauter Stimme: ›Al Cojo Pepe!‹

Bravo schrien die Milizen: ›Zum Hinkenden Pepe! So soll es heißen, solange das Haus steht!‹

Und so heißt die kleine Bodega bis auf den heutigen Tag . . .«

III.

La Palma,
die Grüne Insel

Mirca und Niquiomo

In dem lieblichen Tal von Aridane, das sich an sanften Hängen hinzieht, lebte ein schönes Guanchenmädchen, dem die Eltern den Namen Mirca gegeben hatten. Groß, schlank und stattlich wuchs sie heran, und als sie mannbar wurde, stellten sich viele Freier ein. Doch alle wies sie ab. Sie liebte nur Niquiomo, ihren Jugendgespielen, der als Hirt des mächtigen Fürsten Tanausú die Ziegen und Schafe seines Herrn auf den steilen Höhen von Taburiente hütete.

Frei wie ein Häher schaute der kraftstrotzende Jüngling von seinen Bergen herab auf Benahoré, das Grüne Eiland, wie die Guanchen ihre Heimat nannten. Friede herrschte seit langem auf der herrlichen Insel, die wie ein riesiges Herz mit lang nach Süden ausgezogener Spitze im blauenden Ozean lag.

Oft stieg Mirca hinauf zu dem Geliebten, ein paar Stunden mit ihm zu verplaudern, und jedesmal brachte sie ihm ein Geschenk mit: saftige, sorgsam entstachelte Kakteenfeigen, Früchte vom Mocán, oder auch goldgelbe Pilze aus den Wäldern von Aridane, die sie mit frischer Schafsbutter am schnell entzündeten Feuer briet. Dann saßen sie zusammen auf ihrem Lieblingsplätzchen, einem kleinen, schmalen Altan, hoch über dem gewaltigen Gebirgskessel von Taburiente, den man heute die »Caldera« nennt, und träumten von der Zukunft. Steil fiel der Ringkamm von allen Seiten in die unergründliche Tiefe, munter sprangen silbern leuchtende Bäche die Felsen herab und verloren sich in wild zerrissenen Schluchten. Schlanke Dattelpalmen und knorrige Drachenbäume grüßten herauf, hoch im Blau des wolkenlosen Himmels stand wie ein feiner Strich der Schattenriß eines Bussards.

Glückverheißend lag die Zukunft vor den beiden Liebenden. Wie die lichtdurchflutete Luft, die sie umgab und ihrem Blick keine Schranken setzte, so schauten sie strahlend in ihr junges Leben, das ihnen die Erfüllung aller Wünsche zu verheißen schien. Doch das Schicksal wollte es anders.

An einem prächtigen Herbsttag klomm Mirca eilig den steilen Felspfad empor und berichtete atemlos ihrem Geliebten das ungeheuerliche Geschehen: in der Bucht von Tazacorte war der mächtige Feind gelandet, den die Zauberer schon seit langem ankündigten. Auf riesigen schwarzen Vögeln mit weißen Flügeln hatte er das Meer überquert und an der Küste ein befestigtes Lager aufgeworfen. Blitzende Tamarcos trug er und Lanzen, deren Spitzen in der Sonne funkelten. Unbekannte Feuerwaffen führte er mit sich, die brüllten wie rollender Donner. Große, vierbeinige Tiere, schrecklich anzuschauen, waren ihm untertan, auf ihrem Rücken stob er daher wie der Wind: Don Alonso Fernández de Lugo, Generalkapitän der Katholischen Könige, hatte den Fuß des Eroberers auf die friedliche Insel La Palma gesetzt.

Ungläubig lauschte Niquiomo dem Bericht Mircas. Da ertönten im weiten Tal die Muschelhörner: der tapfere Fürst Tanausú rief seine getreuen Vasallen zu den Waffen, den Fremdlingen zu wehren. Von allen Seiten strömten die todesverachtenden Guanchen herbei: stiernackige Bauern aus dem Tal von Aridane, sehnige Fischer von der steilen Nordküste, klettergewohnte Hirten aus den Bergen von Taburiente, unter ihnen Niquiomo, der sie alle um Haupteslänge überragte.

Der einzige Weg, der den Spaniern ins Reich Tanausús offenstand, führte über den Engpaß von Adamacansis. Dort stellte der Fürst die Hauptmacht seines Heeres auf, dessen Oberbefehl er selbst übernahm. Wohlversteckt hinter den hohen Felsen lagen seine Leute bereit, den Feind mit einem Steinhagel zu empfangen, falls er es wagen sollte, nach Taburiente vorzudringen.

Den im Feuer gehärteten Speer aus Teaholz griffbereit neben sich, im Gürtel das scharfgeschliffene Obsidianmesser, den Tamarco als Schild fest um den linken Arm gerollt, stand Niquiomo in der vordersten Linie an den Stamm einer kanarischen Kiefer gelehnt und spähte im Morgengrauen den Hohlweg entlang, durch den der Gegner kommen mußte.

Die Sonne war gerade über den Ringkamm gestiegen, als sich ihre Strahlen in den blitzenden Harnischen der kastilischen Söldner spiegelten. Wie ein feuriger Lindwurm rückte die lange Schlange näher und näher. Kommandos wurden laut, Wehrgehänge klirrten, deutlich vernahm man das Schnauben der unheimlichen, nie geschauten Tiere.

Nur zehn Lanzenlängen trennten den Feind noch von der kanarischen Zeder, da gab Niquiomo das Zeichen zum Angriff. Auf sprangen die todesmutigen Guanchen hinter ihren Felsen: die Hölle schien los. Zitternd fuhren ihre eisenharten Speere durch Schilde und Wattepanzer in die Herzen der Spanier. Steine, von unfehlbaren Händen geschleudert, zerschmetterten die Köpfe der Kastilier, dazwischen klang das wilde Kriegsgeschrei der Insulaner. »Vacaguaré! Vacaguaré« »Ich will sterben!« Denn so riefen sie es seit altersher; lieber wollten sie sterben, als in Knechtschaft fallen.

Die spanischen Söldner aber wichen nicht. Furchtbare Breschen riß das Feuer ihrer Arkebusen in die heranstürmenden Haufen der Guanchen. Hell klangen die Armbrüste auf, dazwischen brüllten die Falkonette ihren Todesgesang.

Den ganzen Tag über dauerte das blutige Ringen. Bei einbrechender Dunkelheit gab Don Alonso de Lugo das Zeichen zum Rückzug. Den Weg durch den Engpaß hatte er nicht erzwingen, keinen Fußbreit Boden gewinnen können. Fürst Tanausú war Sieger geblieben.

Unzählige Tote, Guanchen und Spanier, lagen neben- und übereinander auf der Walstatt: letztes Bild, das die scheidende Sonne auf ihrem Lauf mitnahm.

Niquiomo befand sich mit anderen Gefangenen auf dem Wege ins Lager der Feinde. Die Hände auf den Rükken gebunden, den Kopf tief gesenkt, schritt er dahin wie ein Nachtwandler. Er dachte an Mirca, die er nie wiedersehen würde: Knechtschaft fern der Heimat, in fremdem Land, war das Los derer, die den finsteren Eroberern lebend in die Hände fielen. Zu weit hatte er sich vorgewagt, war, auf seine Lanze gestützt, über einen mannshohen Felsen hinweg gerade in die Arme von fünf Feinden gesprungen, die ihn zu Boden rissen und banden . . .

Wochen vergingen, und noch immer saß Niquiomo im Lager der siegreichen Spanier. Unterworfen war Tanausú, gefallen die tapfersten seiner treuen Vasallen. Wenige Tage nur fehlten noch, dann sollte er mit seinen Leidensgefährten im Bauch eines der Riesenvögel, die sich draußen auf den Wellen schaukelten, ins ferne Land der Eroberer geschleppt werden. Mehr als je weilten seine Gedanken bei der Geliebten, als könnten sie sie magisch herbeiziehen.

Mirca hatte ihren Jugendgespielen als tot beweint, bis sie durch einen Flüchtling hörte, daß er im Lager des Feindes gefangen saß. Tag und Nacht grübelte sie, wie sie ihn befreien konnte. Doch wie sollte sie sich mit Niquiomo in Verbindung setzen, wie ihm Hilfe bringen, wie durch die Schildwachen kommen? Da beschloß sie, ihre eigene Freiheit aufs Spiel zu setzen und sich dem feindlichen Feldherrn zu Füßen zu werfen.

Don Alonso de Lugo war nicht wenig erstaunt, als ihm eines Tages ein junges Guanchenmädchen gemeldet wurde, die sich nicht abweisen ließ und ihn dringend zu sprechen verlangte. Er empfing sie im Feldherrnzelt, auf dem die brombeerfarbene Fahne Kastiliens wehte, und der Dolmetscher übersetzte ihm getreulich das Begehren Mircas.

Freilassen sollte er einen Gefangenen! Lugo dachte nach. Er befand sich in Siegerstimmung, und auf einen mehr oder weniger kam es ja nicht an. Doch es ging nicht! Guanchensklaven erzielten auf dem Markt in Sevilla vierzig Golddoublonen das Stück. Was waren dagegen die paar Schafe und Ziegen, die ihm das Mädchen als Lösegeld anbot! Davon hatten sie ohnedies mehr als genug. Nein, was nicht ging, ging nicht! Die Gefangenen gehörten nicht ihm allein. Offiziere und Söldner hatten Anteil an der Beute, und seine Leute durfte er nicht schädigen. Das Mädchen würde sich bald mit einem anderen trösten. Kurzerhand wies er es ab.

Von weitem hatte Niquiomo Mirca in das Zelt des Feldherrn eintreten sehen. Sofort wußte er, was sie herführte. Doch als sie jetzt mit tief zu Boden gesenktem Kopf aus dem Lager schlich, erkannte er, daß ihr Bittgang umsonst gewesen war.

Der Anblick Mircas hatte neue Lebenshoffnung in Niquiomo ausgelöst. Die Fluchtpläne, die er seit langem aufgegeben hatte, reiften wieder in ihm. Noch diese Nacht mußte er ausbrechen, geschehe, was wolle. Und als das Lager im tiefen Schlummer lag, gelang es ihm mit übermenschlicher Kraft, die Fesseln zu zerreißen.

Die mondlose Nacht begünstigte seine Flucht, und bei Morgengrauen stand er im Tal von Aridane an der Höhle seiner Geliebten. Lange hielten sich die beiden umschlungen. Dann stiegen sie hinauf auf die Schroffen von Taburiente zu ihrem Lieblingsplatz, dem kleinen, schmalen Altan, von dem sie so oft über den gewaltigen Gebirgskessel geschaut, als noch glücklicher Friede auf Benahoré, dem Grünen Eiland, herrschte.

Da hörten sie hinter sich das wütende Kläffen der gefürchteten Bluthunde, mit denen die Spanier Flüchtige jagten. Noch einmal sahen sich Mirca und Niquiomo in die Augen. Dann hob er das Mädchen mit beiden Armen vom Boden auf, küßte sie, und mit dem Schlachtruf der tapferen Guanchen von Taburiente: »Vacaguaré! Vacaguaré!« stürzten sie engumschlungen in die schaudererregende Tiefe.

Heute noch hören die Hirten, die ihre Ziegen am Rande der »Caldera« weiden, an stürmischen Tagen, wenn der Nordwind durch die abgründigen Schluchten pfeift, den Todesschrei der beiden Liebenden: »Va . . . ca . . . gua . . . ré! – Va . . . ca . . . gua . . . ré..!«

Und zitternd, in ihre Decken gehüllt, antworten sie: »Mirca! Niquiomo! Descansad en paz! Ruhet in Frieden!«

DER HIRTENSPRUNG

⁓ ° ⌣

An der Punta Llana, im Bezirk von La Galga, zeigt man dem Reisenden, der sich auf klettergewohntem Maultier in diese Gegend wagt und die schwindelnden Pfade nicht fürchtet, einen gewaltigen Felsen, der steil ins Weltmeer abstürzt und »Salto del Pastor«, der Hirtensprung, genannt wird.

Breit und klobig steht er da und hält Schildwacht seit uralter Zeit, verwittert, eisenhart. Jahrtausende schon trotzt er den Wogen des Golfstroms, der sich hier an der zerklüfteten Küste bricht, um dann seinen Lauf nach Nordosten zu nehmen. Traurig und kahl blickt der steinerne Riese übers Meer, und nur ein paar graugrüne Büsche der lanzettblättrigen, vielverästelten Tabaiba und klumpige Säulenkakteen, deren Same der Wind in seine Felsspalten geweht, starren wie stachlige Leuchter zum Himmel.

Von seiner Höhe gewahrt man ein kleines, weißgekalktes Häuschen, das einsam in der wilden Landschaft liegt und den Namen »Casaca blanca« trägt, weil es wie ein weißer Überwurf in der Sonne glänzt.

Hier lebte vor langer Zeit eine wunderschöne Zagala —wie man die Bauernmädchen auf La Palma nennt—, die durch ihre Schuld den Geliebten verlor, einen jungen Hirten von der Punta de Llana. Vergessen sind heute längst beider Namen, nur ihre Geschichte lebt unter den Schönen von La Galga fort als warnendes Beispiel, die Freier nicht auf eine zu harte Probe zu stellen.

Das Mädchen, von dem hier die Rede ist, wurde von ihren Eltern verhätschelt und verzogen, und schon von Jugend an war sie eigenwillig und dünkte sich etwas Besonderes. Stets gaben die Eltern ihren Launen nach und erfüllten die Wünsche des einzigen Kindes, soweit es in ihrer Macht stand. Als sie älter wurde, trieb sie die väterlichen Ziegen auf die spärlichen Halden zur Weide, saß stundenlang auf dem Grat der Steilklippe und träumte über das blauspiegelnde Meer. Zu ihrem Glück fehlte ihr nichts als ein schöner, stattlicher Freier, wie ihn sich jedes junge Mädchen wünscht, das ins mannbare Alter gekommen ist. Doch so sehr sie sich auch unter den Hirten von La Galga umschaute, keinen gab es, der ihr wirklich gefallen hätte.

Im jenseitigen Tal, etwa eine Wegstunde von der »Casaca blanca« entfernt, lebte ein Ehepaar, das einen einzigen Sohn sein eigen nannte. Es waren einfache Gemüsebauern, die sich recht und schlecht durchschlugen und eine kleine Schafherde besaßen, die ihr Sohn hütete. Er mochte vielleicht zwanzig Jahre zählen, war ein kräftiger, schöner Bursche mit blondem Haar und hellen Augen, wie man sie noch heute in diesem Teil der Insel antrifft.

Nun wollte es eines Tages das Schicksal, daß die schöne Zigala mit ihren Ziegen den Schafen des jungen Bauernsohnes auf der Weide begegnete. Wie erstarrt blieb er stehen, als er das blühende, jungfräuliche Mädchen erblickte, das er noch als Kind in Erinnerung hatte, denn seit seinen Knabenjahren war er nicht mehr in die Gegend der »Casaca blanca« gekommen.

Sein Herz schlug heftig, als die Zagala auf ihn zutrat und ihm unbefangen die Hand reichte. Auch sie hatte in ihm sofort den Nachbarssohn erkannt, mit dem sie als Kind auf den Hügeln tollte, die sich wellig zwischen ihren Elternhäusern dehnten.

Wenig genug sprachen beide bei dieser ersten, zufälligen Begegnung nach so vielen Jahren. Doch in ihren Gedanken beschäftigten sie sich mehr miteinander, als sie sich gegenseitig eingestanden hätten. Die Schönheit des Mädchens hatte den Jüngling in ihren Bann gezogen, und auch der Zagala gefiel der schmucke Bursche, wie er so auf seine Lanze gestützt nachdenklich vor ihr stand.

Nun trafen sie sich öfters, und die Liebe des jungen Hirten zu dem schönen Nachbarskind wuchs von Tag zu Tag, bis er ihr einmal, als sie zusammen auf dem schroffen Felsen der Punta Llana saßen, offen bekannte, daß er ohne sie nicht mehr leben konnte. Beider Eltern, die genau wußten, wie es um ihre Kinder stand, hätten eine Vermählung gutgeheißen, und alles wäre in schönster Ordnung gewesen, wenn das Mädchen nicht seine Einwände gemacht hätte.

»Ich will deine Frau werden«, sprach sie, »doch du mußt mir beweisen, daß du mich wirklich von Herzen liebst.« Dabei beugte sie sich nach vorn und schaute lächelnd in die abgründige Tiefe, wo die weißen Wellen hoch am Riff aufschäumten.

»Ich weiß, daß du ein guter Springer bist«, fuhr sie fort, »schon als Knabe war dir kein Abgrund zu breit, keine Schroffe zu steil. Wenn du dreimal hinunterspringst auf jenen kleinen Felsaltan, dann will ich dir gehören fürs Leben.«

Einen Augenblick zauderte der Jüngling, als er in die gähnende Tiefe blickte. Doch so stark war seine Liebe zu der schönen Zagala, so hoch der Preis, den sie ihm zugesagt, daß er jedes Bedenken beiseite schob. Suchend glitt sein Auge umher, den Punkt zu finden, wo er die Lanze einsetzen konnte, sich hinabzuschwingen. Dann rief er laut: »Im Namen Gottes!« und ehe das Mädchen noch wußte, was geschehen, wirbelte er durch die Luft und landete wohlbehalten auf dem Felsvorsprung.

Schnell kletterte er die steile Wand wieder empor und stand bald darauf neben der verheißungsvoll lächelnden Geliebten, deren ausgestreckte Hand er an seine Lippen zog.

Dann setzte er zum zweiten Sprung an. Diesmal rief er: »Im Namen meiner Mutter!« Und wieder siegte der Wagemut des jungen Hirten über die gefährliche Aufgabe.

Als er abermals auf der Höhe neben dem schönen Mädchen stand, zog es ihn in die Arme und sprach: »Noch einen dritten Sprung, und du erhältst den Verlobungskuß.«

In seiner Freude über das Versprechen der lieblichen Jungfrau, die ihm nun für immer gehören würde, entging es dem kühnen Hirten, daß seine Lanze beschädigt war. Und schon schwang er sich zum dritten Male in die Tiefe. Laut tönte sein Ruf: »Für dich! Nur für dich!«

Da splitterte die Lanze, zu kurz war der Sprung, er erreichte den kleinen Altan nicht. Sein Aufschrei verklang in der wildschäumenden See, die über ihn zusammenschlug.

Zerschmettert auf dem Grunde des Meeres lag der Geliebte der schönen Zagala. Schluchzend stürzte das Mädchen nieder und küßte die Stelle, wo er dreimal die Lanze eingesetzt hatte.

Noch heute sieht man deutlich das Loch, das sich tief in den Boden gräbt, und der fromme Palmenser, den sein Weg an der Punta Llana vorbeiführt, nimmt hier den Hut ab und murmelt still ein Vaterunser.

Schweigend hatte ich der Geschichte meines Maultiertreibers gelauscht und blickte nun vom »Salto del Pastor« hinunter auf den schmalen Felsvorsprung, der wie ein Schwalbennest über der Tiefe hing.

»Der Hirtensprung«, dachte ich, und mitleidiges Lächeln überfiel mich. So oder ähnlich mochte es wohl gewesen sein, wie der Alte mir erzählte. Unverständlich blieb mir das Begehren der schönen Zagala, unverständlich die Tat des jungen Hirten.

Und doch! War nicht jeder Verliebte zu allen Zeiten bereit, einen Hirtensprung für die Erfüllung seines heißesten Wunsches zu wagen? Bilder zogen an mir vorbei, wie sie mein bewegtes Leben zu Dutzenden sah: den jungen Mann, den die Not der Heimat in die Ferne treibt, um dort für die Geliebte nach Gold und Reichtum zu jagen, und der elend in der fremden Hafenstadt verkommt, den Sohn des Millionärs, der ein armes Mädchen liebt, trotzig das Elternhaus verläßt und mit ihr ins Elend zieht, den Angestellten, der um ein verführerisches Lächeln einen Griff in die Kasse tut und im Gefängnis endet . . .

Das langgezogene »Arreeeee burr . . . rrriii . . . cooo! Vorwärts Eselchen!« des Treibers riß mich aus meinen Gedanken. Ich nickte ihm zu. Dann trabten wir über die jenseitige Felshalde . . .

ZWÖLF DUKATEN

⌢ o ⌣

Auf der Nordseite der Insel La Palma, am steil abfallenden Gebirgszug, hängt das kleine Dörfchen Barlovento wie ein Schwalbennest über dem nahen Meer. Gleich bunten Teppichen leuchten die seitlich sich dehnenden Felder, die von Stachelpalmen, Kiefern und Buchen eingerahmt sind. Muntere Bäche springen zu Tal, Fruchtbäume grüßen aus freundlichen Gärten, Blumen säumen den sich zur Küste schlängelnden Weg. Kein Wunder, daß die Bewohner ihr Heimatdorf lieben und jedem, der es hören will, mit Stolz verkünden: »Ich bin aus Barlovento!«

Schwer ist der Abschied, wenn man in die Fremde geht, schwerer noch, wenn man es nicht aus freien Stücken tut, und am allerschwersten, wenn man ein junger Bursch ist, dessen Braut Rosa heißt, und die so schön ist wie die Blume, deren Namen sie trägt.

So ging es dem braven, schüchternen Tischlergesellen Eduardo, den bei der Auslosung die schwarze Kugel getroffen hatte. Wenn er Geld gehabt hätte, hätte er sich loskaufen können wie der reiche Müllerssohn. So aber gab es für ihn keine Wahl: er mußte fort, für zwei Jahre, übers Meer und den Rock des Königs anziehen.

Schweren Herzens nahm er Abschied von der weinenden Rosa. Am Strand stand sie und winkte ihm nach, bis der Segler mit den Rekruten ihren Blicken entschwand.

Doch was sind zwei Jahre! Schnell verfliegt die Zeit, und wenn die Briefe ihres Verlobten auch spärlich waren, Rosa fand Trost in der Arbeit. Als Dienstmagd hatte sie sich bei der Frau des Apothekers verdingt, auf dessen Türschild die Inschrift »Zum Heiligen Lazarus« prangte. Ihr Eduardo hatte es gefertigt, und mit besonderer Sorgfalt reinigte sie es wöchentlich vom Straßenstaub.

Schneller als Rosa gedacht, jährte sich der zweite Herbst. Nur noch wenige Tage fehlten bis zur Rückkehr der jungen Vaterlandsverteidiger. Endlich kam auch dieser Tag heran.

Das ganze Dorf war in Aufregung. Girlanden bunter Feldblumen schmückten die Straßen, Spruchbänder mit Willkommensgrüßen zogen sich längs der Häuser hin, vom Kirchturm wehte lustig die Landesfahne, am Eingang von Barlovento stand seit dem frühen Morgen der Gemeinderat und die Musikkapelle.

Als der Segler in Sicht kam, eilten Eltern und Verwandte der Heimkehrenden zum Strand und drängten sich auf der kleinen Holzmole. Unter ihnen Rosa.

Haltetaue flogen herüber, die geschickte Hände auffingen. Als erster sprang Eduardo auf die zitternden Planken. Fast hatte ihn Rosa nicht wieder erkannt. Er schien größer und breiter, aus seinem braungebrannten Gesicht leuchteten freudig die hellen Augen. Ohne Umschweife trat er auf sie zu und umarmte sie vor allen Leuten. Aus dem schüchternen Burschen war ein Mann geworden.

Kurz vor Sonnenuntergang, in der blauen Stunde, pflegten sich in dem kleinen Hinterstübchen der Apotheke »Zum Heiligen Lazarus« die Honoratioren des Dörfchens zu einem gemütlichen Schwatz zusammenzufinden. Zunächst wurden die Tagesneuigkeiten durchgesprochen, dann kam man allmählich auf die hohe Politik und ganz zum Schluß immer wieder auf die guten, alten Zeiten.

Heute war das Gespräch lebhafter denn je. Der feierliche Einzug der vom königlichen Dienst Zurückkehrenden, die strahlenden Augen der festtäglich gekleideten Mädchen, der leuchtende, klare Herbsttag erinnerten zu sehr an das eigene Jugenderleben, das nun schon so lange zurücklag.

Die Freude des Wiedersehens mit denen, die zwei Jahre in der Fremde geweilt hatten und so viel zu erzählen wußten, richtete sich im Hinterstübchen der Apotheke auf einen einzigen: den Tischlergesellen Eduardo, der mit Rosa draußen im Patio unter der Fächerpalme saß und ihr verliebte Worte ins Ohr flüsterte.

Kurzerhand rief man die beiden herein. Der Apotheker holte den Schlüssel zum Wundschrank aus der Tasche, den er nur an hohen Festtagen öffnete, und braute im Handumdrehen einen feinen Wacholderschnaps.

Dann mußte Eduardo berichten. Er sprach vom Dienst, von den Kameraden, von der großen Stadt, in der die Häuser höher waren als der Kirchturm von Barlovento, vom König, wie er auf einem pechschwarzen Gaul dahergeritten kam, von den Offizieren mit ihren gold- und silberbestickten Waffenröcken und dem Ziegenbock, der nach altem Herkommen hinter der Musikkapelle schritt.

Dem Cura Don Gumersindo gefielen die lebhaften Erzählungen des frischen, aufgeweckten Burschen, hatte er doch selbst seine Laufbahn als Militärgeistlicher begonnen. Ein streitbarer Diener Gottes war er. Duckmäuser konnte er nicht leiden, und da es ihm auch an weltlichen Gütern nicht mangelte, wollte er etwas für den jungen Eduardo tun. Daher sagte er, als der Tischlergeselle endete: »Ich sehe, daß du ein Mann geworden bist, der in die Welt paßt und Verstand hat. Ich werde dir ein Rätsel aufgeben. Löst du es, dann will ich dich umsonst mit Rosa trauen.«

Das Mädchen hatte keine Zeit zu erröten, denn schon fuhr Don Gumersindo fort: »Es hat Ohren wie ein Esel und hört nicht. Es hat Augen wie ein Esel und sieht nicht. Es hat einen Schwanz wie ein Esel und wehrt keine Fliegen ab.«

Keinen Augenblick überlegte Eduardo. Ohne Zögern kam die Antwort: »Ein toter Esel.«

»Bravo!« meinte der Apotheker, der an sein taubes, blindes und halb gelähmtes Maultier gedacht hatte. In dem Jungen steckt etwas!

Doch der Cura gab sich damit nicht zufrieden. Er wollte sehen, wie weit der Verstand des Burschen reichte. Darum sagte er: »Gut, du hast es erraten. Wenn du aber noch ein Rätsel löst, dann will ich dich nicht nur umsonst trauen, sondern dir auch noch zwölf Dukaten für die Aussteuer schenken.« Er legte sich bequem in den Korbstuhl zurück, kniff schmunzelnd die Augen zusammen und sagte langsam und mit Betonung:

»An einer schmalen Stelle
Auf dem Wege zur kleinen Kapelle
Begegnet' ich sieben Frauen,
Gar merkwürdig anzuschauen.
Eine jede von ihnen trug sieben Säcke
Und in jedem Sack sieben Katzen,
Die lärmten und kreischten wie Spatzen.
Und nun, Eduardo, sage mir schnell:
Wer alles ging zur kleinen Kapell'?«

Schweigen herrschte in der Hinterstube der Apotheke »Zum Heiligen Lazarus«. Der Pharmazeut war in tiefes Nachdenken versunken und suchte in seiner Tasche verstohlen nach einem Bleistift. Der Alkalde sah überlegen drein: ihn ging die Sache nichts an, und außerdem konnte er Katzen nicht leiden. Nach seiner Meinung sollte man sie alle ersäufen.

»Vierundzwanzig Stunden Bedenkzeit, stehen dem Soldaten zu, bevor er sich beschweren darf«, sagte Eduardo in die Stille hinein, »wenn mir Ehrwürden vierundzwanzig Stunden geben will . . .«

»Gut«, unterbrach ihn der Geistliche, »bis morgen abend.« Und mit einem Handschlag gingen sie auseinander.

Da saßen nun die beiden Liebenden wieder im Patio unter ihrer Fächerpalme und überlegten. Zwölf Dukaten! Nichts stand ihrer sofortigen Heirat mehr im Wege. Genügend Holz konnte Eduardo dafür kaufen, feines Buchenholz, um Ehebett, Stühle und Tisch zu fertigen. Es reichte auch noch zum Brautkleid für Rosa und gelben Schnallenschuhen, wie sie die reiche Müllerstochter trug. Aber erst mußten sie das Rätsel lösen, und das war gar nicht so einfach. Sieben Säcke trug jede Frau und in jedem Sack sieben Katzen, also neunundvierzig. Und wenn man das siebenmal untereinanderschrieb und zusammen zählte, ergab die Summe dreihundertdreiundvierzig, und Don Gumersindo dazu: dreihundertvierundvierzig.

»Aber«, meinte Rosa schüchtern, »durfte man seine Ehrwürden mit alten Weibern und Katzen zusammenzählen?« Darüber stritten sie lange hin und her.

Vielleicht war auch noch irgendein Trick dabei, den man nicht auf den ersten Blick erkannte! Denn warum hatte der Cura geschmunzelt? Spät am Abend trennten sie sich, ohne des Rätsels Lösung gefunden zu haben.

Der nächste Tag war ein Sonntag. Rosa hatte frei und saß seit dem frühen Morgen nachdenklich in ihrer Kammer. Die alte Schiefertafel aus der Schulzeit hatte sie hervorgeholt und rechnete unentwegt. Bis zum Abend mußte sie das Rätsel lösen, das weiße Brautkleid und die gelben Schnallenschuhe ließen ihr keine Ruhe. Immer wieder überprüfte sie ihre Rechnung, es kam stets dasselbe heraus: ohne Ehrwürden dreihundertdreiundvierzig und mit Ehrwürden dreihundertvierundvierzig. Und doch befriedigte sie diese Lösung nicht.

Eduardo verbrachte eine schlaflose Nacht. Für ihn gab es keinen Zweifel, da steckte etwas dahinter! Wenn er nur wüßte was? Auf einmal kam ihm ein Einfall: in aller Frühe wollte er seinen alten Lehrer aufsuchen.

Don Elogio empfing ihn väterlich. Es freute ihn, seinen einstigen Schüler so braun und kräftig wiederzusehen. Als Eduardo ihm von dem Rätsel erzählte, legte der Lehrer zunächst den Finger an die Nase. Dann ließ er sich den Vers dreimal langsam wiederholen.

»Die Säcke sind auf keinen Fall mitzuzählen«, meinte er bedächtig, »denn wenn sie auch mit den Frauen zur Kapelle gelangen, so gehen sie doch nicht. Und die Frage lautete: »Wer alles ging zur kleinen Kapell'?« Ja, gingen denn die Katzen? Nein, sie gingen auch nicht, sie wurden getragen. Hier lag der Trick! Die Antwort war die einfachste der Welt: »Acht Personen, Ehrwürden und die sieben Frauen!«

Dankbar drückte Eduardo dem alten Lehrer die Hand. Er hatte recht gehabt, ein Trick war dabei und was für einer! Und schon stürzte er davon, der geliebten Rosa die freudige Botschaft zu bringen: noch vor Weihnachten würden sie ein Paar sein.

Nie in seinem Leben war der Tischlergeselle so gelaufen wie heute. Er rannte durch die Straßen, als wenn ein wilder Stier hinter ihm wäre, bog wie der Sturm um die Ecken, übersprang ein Kind, das am Boden spielte und raste weiter. Da war schon der Marktplatz, drüben lag die Apotheke »Zum Heiligen Lazarus«.

Er hielt im Laufe inne, wischte sich den Schweiß von der Stirn und ging ruhigen, selbstbewußten Schrittes auf das Schild zu, das er selbst gezimmert hatte.

Da flog die Tür zur Apotheke auf. Rosa hatte ihn kommen sehen. Mit Windeseile sprang sie ihm entgegen und schrie schon von weitem; »Ich hab's!« Dabei schwenkte sie etwas in der Hand.

Verdutzt blieb Eduardo stehen. Sollte seine Rosa hinter den Trick gekommen sein? Da hielt sie ihn auch schon umschlungen und deutete lachend auf ihre Schiefertafel.

Betroffen starrte Eduardo auf die Linien, Kreuze und Pfeile. Da begann sie zu erklären:

Das hier war der Weg, der zur Kapelle führte, der Kreis seine Ehrwürden selbst, die in frommen Gedanken hinaufwanderte. Der Pfeil zeigte deutlich zur Kapelle hin.

Doch was war das? Die Frauen mit ihren Säcken und Katzen kamen ihm ja entgegen! Deutlich zeigte es der zweite Pfeil an. Wie Schuppen fiel es ihm von seinen Augen: Wer also ging zur kleinen Kapelle?

Niemand als seine Ehrwürden allein!

Am Abend zahlte Don Gumersindo freundlich lächelnd zwölf blanke Golddukaten auf den Tisch des Hinterstübchens der Apotheke »Zum Heiligen Lazarus«. Und am Sankt-Nikolaus-Tag traute er Eduardo und Rosa umsonst, wie er es versprochen hatte.

IV.

La Gomera,
die Legendäre Insel

Hupalupu, der Zauberer

⌢ ° ⌣

Vor dem hohen Spiegel mit dem ziselierten Goldrahmen, der ihr hoheitsvolles Ebenbild zurückwarf, stand Königin Isabella von Kastilien, während ihr die Zofe die hauchdünne Kette um den Hals legte, an der ein kleines, diamantenbesetztes Kreuz hing, das der Heilige Vater selbst geweiht hatte. Der Blick der Herrscherin glitt aus dem geöffneten Fenster über die morgendliche Stadt. Schlanken, nadelspitzen Stalagmiten gleich starrten die Türmchen der gewaltigen Kathedrale wie brauner Zuckerguß in das Blau des Himmels, unten zog die Palastwache auf, Kommandos ertönten.

Ein kühler Luftzug traf die Schultern der Königin. Sie wandte sich um. Vor ihr stand die Oberkämmerin, die eben durch den leise schwingenden Vorhang eingetreten war. Ein flüchtiger Schatten huschte über das Gesicht Isabellas: wirklich schön war sie, die junge Beatrix de Bobadilla! Kein Wunder, daß der König ein Auge auf sie geworfen hatte.

»Der Graf von La Gomera«, sagte die Hofdame und verbeugte sich tief, »zwei Hauptleute bringen ihn.«

Ohne zu antworten, ließ sich die Königin in einen weichen Polstersessel fallen, legte den Kopf zurück und schaute sinnend zur Decke, wie sie immer tat, wenn sie nachdachte, als ob in den verschlungenen Arabesken der Richtspruch stände, den sie zu fällen im Begriff war.

Die schnellste der Karavellen hatte den Verhafteten nach der Halbinsel gebracht. Stolz erfüllte sie, weit reichte ihr Arm, und wie Pfeile flogen ihre Befehle übers Meer. Noch keine zwei Wochen waren vergangen, da die weinende Witwe vor ihr kniete und den da draußen des Mordes an ihrem Gemahl, dem Hauptmann Juan Rejon, anklagte, blutige Sühne fordernd.

Die Königin überlegte. War der Graf von La Gomera eigentlich ein Mörder? Es kam darauf an, wie sie es auslegte. Blitzschnell überdachte sie noch einmal das Geschehene.

Ohne ersichtlichen Grund war der Hauptmann Juan Rejon mit Frau, Kindern und Dienerschaft auf La Gomera gelandet und hatte sich dort breit gemacht. Das gute Recht des Grafen war es gewesen, ihn festzunehmen und auszuweisen. Wenn sich der Hauptmann zur Wehr setzte und dabei ums Leben kam, konnte man Hernán Peraza nicht die Schuld geben. Immerhin, die alte Feindschaft zwischen den beiden mochte den Grafen bewogen haben, seinen Widersacher auf diese bequeme Art und Weise aus der Welt zu schaffen. So wie sie Hernán Peraza kannte, hatte er ihn kurzerhand totschlagen lassen, und das mit dem Widerstand war ein Märchen. Ein Wort von ihr genügte, der Kopf des Grafen rollte über den Schloßplatz, und Doña Elvira hatte ihre Genugtuung.

Doch darum handelte es sich nicht: über Schuld und Sühne, ja selbst über der Gerechtigkeit, stand die Staatsraison. Diese verlangte auf La Gomera einen Mann, der seine Rechte und die der Krone zu wahren wußte. Und —ein kluges Lächeln spielte um ihren Mund— wenn jener Mann jung und ledig war, mußte man ihm eine Gemahlin suchen.

Doña Elvira, die sühnefordernde Witwe, sollte aus ihrer Schatulle eine Rente erhalten. Zwanzigtausend Maradevis im Jahr genügten. Dazu zwei Häuser in Sevilla, die sie bewohnen mochte. Das war weit genug vom Hofe.

So kam es, daß Hernán Peraza, der, des Mordes angeklagt, als Gefangener nach Burgos gebracht wurde, einen Monat später wieder in der Bucht von Hermigua landete. Am Arm führte er seine junge Frau Beatrix de Bobadilla, die jetzt Gräfin von La Gomera war.

Weiß schäumte die herbstliche See um die kleine Insel. Auf einsamem Felsen saß Hupalupu, der Zauberer, und blickte traurig über das Land seiner Väter. Der Fremde war zurückgekehrt, der Zwingherr, wie sie ihn nannten. Und schlimmer wütete er als zuvor. Hautacuperche, der letzte Freiheitsheld, lag erschlagen, seine Anhänger waren aufgeknüpft, als Sklaven verkauft. Elender Frondienst war das Los der einst Freien, und wo sonst das fröhliche Lachen der Inselsöhne ertönte, klang heute das Wimmern der Geknechteten, denen die Lederpeitsche der Gewalthaber blutige Striemen über Brust und Rücken zog.

Was vermochten die Eschenlanzen der Guanchen-Krieger, was der unfehlbar geschleuderte Stein gegen die totbringenden Waffen der Feinde, die sie dem Dämon ausgeliehen? Unheilvoll strahlten die Sterne seit dem Tage, da die Fremden übers Meer gekommen. Deutlich konnte er, der Wahrsager, in ihnen den Untergang seines Volkes lesen. Aber noch mehr stand darin, das allen, auch dem Zwingherrn, verborgen war: Blut. Ein Lanzenstich würde ihn fällen, den Aussauger ... bald! Die Stunde der Rache war nah! Nichts nützte dem Fremden der feste Turm dort unten am Strande, nichts die feuerspeienden Waffen. Sein Schicksal zog die Bahn des Unwiderruflichen: nur wenig fehlte, und der rote Stern deckte den leuchtenden ...

Weiter spann Hupalupu den Gedanken. Was er dazu tun konnte, daß der Richtspruch seines Gottes in Erfüllung ging, den ihm das nächtliche Firmament enthüllt, sollte geschehen. Zum Untergang war sein Volk verdammt, so oder so. Doch allen voran sollte der Todesschrei des Zwingherrn gellen, der selber ein Mörder war.

Was bedeutete die Reinheit eines Mädchens? Was tat es, wenn er Iballa, die geliebte Tochter, opferte? Ajecho mußte sich damit abfinden: eine geknickte Blume würde sein Leben verschönen, doch eine Blume, wie sie auf der Insel nicht mehr wuchs. Über allem stand der Gott der Rache! Mochten die beiden fliehen, wenn die Tat getan, und drüben ein neues Leben beginnen. Nicht weit war es bis zur Nachbarinsel. Wozu hatte er die luftgefüllten Ziegenbälge in der Ufergrotte verborgen? Leicht trugen sie einen Menschen über die Meerenge, und die Strömung war günstig.

Loser Steinschlag riß ihn aus seinem Sinnen. Die dichten Ginsterbüsche teilten sich, im Arm hielt er die Tochter, zu seinen Füßen kniete Ajeche, dem er sie anverlobt. Hierher hatte er die beiden gerufen, auf diesen einsamen Fleck, sein Gewissen zu entlasten und ihnen den Plan zu künden, den sein Hirn ersonnen.

»Meine Kinder!« Schwermütig klang die Stimme des Alten, irr flackerten seine Augen, stockend kam das furchtbare Geheimnis über seine Lippen.

»Meine Kinder, hört mich an! Euer Bruder Calahuige nahm sich nicht das Leben. Ich . . . selber . . . tötete ihn . . . hier . . . auf diesem Felsen. Den Turm hatte ich ihm gezeigt, den der Zwingherr errichtet. ›Befreien müssen wir uns von dem Tyrannen‹, sagte ich, ›er hat den Tod verdient!‹ Angstvoll sah er mich an: ›Vater, und wenn man es erfährt?‹ Da konnte ich nicht mehr an mich halten, ›Feigling!‹ rief ich, ›Schandfleck unseres Volkes! Wenn man es erfährt, dann nur durch dich!‹ Mit diesen Händen würgte ich seinen Hals und als ich losließ, stürzte er leblos in die Tiefe. Brausend schlug das Meer über ihn zusammen. Ich . . . tötete . . . ihn . . . Nein!« schrie er auf, »ich tötete ihn nicht! Sagt nicht, daß ich ihn mordete! Die blinde Liebe zu dieser Erde war es, die Liebe zu unserer Heimat, die verflucht ist, seit die Fremden kamen . . .«

Zuckendes Schluchzen schüttelte den Körper Iballas. Sanft strich die Hand des Alten über ihr weiches Haar: »Meine Tochter, du nur bleibst mir, unser Volk zu rächen!«

Seine Stimme sank zum Flüstern herab. Atemlos lauschten die beiden. Stumm und ergeben nickte Iballa, als er geendet, während Ajeche starr zur Erde blickte.

Die Reize der schönen Beatrix de Bobadilla hatten Hernán Peraza in ihren Bann geschlagen. Aber nicht für lange. Da war die liebliche, schlanke Iballa, die Tochter dieses alten, lächerlichen Zauberers Hupalupu oder wie er hieß, die ihm kürzlich unweit der Höhle Guahedum wie von selbst in den Weg gelaufen war. Ein frisches Naturkind, stolz und unbeugsam, und doch hatte ihm ein Aufblitzen ihrer dunklen Augen verraten, daß sein Wunsch bald in Erfüllung gehen würde.

Iballa . . .! Wie ein Fangspiel klang der Name, wie eine Liebesfanfare! Herrlich müßte es sein, sie zu umfangen, ihre jungfräulichen Brüste zu küssen, die wie in heißem Verlangen das enganliegende Ziegenfell zu sprengen schienen. Er hatte sich nicht getäuscht, noch diese Nacht würde sie ihm gehören. Weib war Weib unter allen Zonen der Erde und er der Gott dieser Insel. Wie eine schmelzende Zauberfrucht würde er ihr unberührtes Mädchentum schlürfen. Wenn der rote Stern über der hohen Kiefer stand, sollte er zur Höhle Guahedum kommen.

Nur ein Page begleitete den Grafen auf seinem letzten Gang. Beschwerlich war der Weg, doch köstlich der Lohn, der seiner harrte. Weich umschlangen ihn Iballas Arme, als er in die kienspanerhellte Grotte trat. Dann zog sie ihn auf das sorgsam geschichtete Fellager . . .

Rätsel um eine Mädchenseele! Den Plan des Vaters hatte sie gebilligt, ein blindes Werkzeug seiner Rache. Ajeche erwartete sie am Strand. Wohl vorbereitet war die Flucht in die neue Heimat, in ein neues Leben. Und doch! Urgewaltig hatte sie heiße Liebe zu dem Fremden überfallen.

Mochten sie ihn tausendmal den Zwingherren nennen, den Knechter ihres Volkes! Jetzt hielt sie ihn als Sklaven im Arm. Zum Weib hatte er sie gemacht, den sehnsüchtigen Traum ihrer Mädchenjugend erfüllt, sein war sie in diesem Augenblick. Wie eine Spinne kam sie sich vor, die den Geliebten in ihrem Netz hält und tötet.

Ein Schauer durchlief ihren Körper, mit einem Ruck machte sie sich frei. Ihr feines Ohr hatte die schleichenden Schritte der Häscher vernommen.

»Ajeliles, juxaques aventamares!« rief sie dem überraschten Grafen zu: »Fliehe, sie kommen, dich zu töten!«

Zu spät! Der erstickte Schrei des Pagen tönte vom Eingang her. Blitzschnell hatte Hernán Peraza den Harnisch übergeworfen. Das Schwert in der Faust sprang er aus der Höhle. Drei der Angreifer streckte er zu Boden, da fuhr ihm der Speer Hupalupus unter die Achsel. Blutüberströmt brach er zusammen.

Gellend tönte das irre Lachen des Zauberers in die Ohren Iballas, die eilenden Fußes zum Strande floh, während der Alte verzückt zum Himmel starrte. Die Sterne hatten nicht gelogen, der rote deckte den leuchtenden ...

Glücklich trugen die Ziegenbälge Ajeche und Iballa über die Meerenge nach Teneriffa. Am Strande von Guía spülte sie die Strömung an Land. Ihr erstes Kind, eine Tochter, war dem Grafen Hernán Peraza wie aus dem Gesicht geschnitten. Sie wurde auf dem Namen Antonia getauft und verheiratete sich mit einem Kastilier. Von ihnen stammt das heute auf der Insel weit verzweigte Geschlecht der Álvarez.

DER REGEN-HEILIGE

Eine alte Bauernregel auf La Gomera lautete:
»Wenn's die Heil'ge Kathrin nicht regnen läßt, Sankt Andreas bestimmt die Erde näßt!«

Und soweit auch die Ältesten zurückdenken konnten, stets hatte der Spruch gehalten, was er besagte.

Doch in diesem Jahre schien er nicht in Erfüllung gehen zu wollen. Ausgedörrt lag das Land, unentwegt brannte seit August die sengende subtropische Sonne auf die Insel nieder und verwandelte das schwarzbraune Lavagestein in glühende Felsblöcke.

Am niedergeschlagensten waren die Bewohner von Valle Hermoso. Was sollte aus ihrer Saat werden? Wie konnten sie das nächste Jahr überstehen, wie ihr Vieh am Leben erhalten? All' die flehentlichen Gebete, die sie zum Himmel sandten, waren bisher umsonst: nicht der kleinste Regenschauer belohnte ihr inständiges Bitten. Und welche Gelübde sie auch taten, der Tag der Heiligen Katharina ging vorüber, und noch immer zeigte sich keine hoffnungsreiche Wolke am Himmelsgewölbe, das wie ein blauflammender Metallsturz über dem Eiland lastete.

In ihrer Not wandten sie sich an den Cura des Dorfes, Don Manuel. Doch der einzige Trost, den ihnen der Pfarrer zu spenden wußte, war sein Ausspruch: »Wenn

Gott nicht will, da hilft auch kein Heiliger als Fürsprecher.«

Selbst der betagte Schulmeister wußte keinen anderen Rat als die alte Bauernregel: »Wenn's die Heilige Kathrin nicht regnen läßt, Sankt Andreas bestimmt die Erde näßt!« Er hatte sie in der Kindheit gelernt, und noch immer war sie in Erfüllung gegangen.

Und mit neuer Inbrunst flehten die Gläubigen zu dem Regen-Heiligen.

Der Tag vor Sankt Andreas war herangekommen. Heißer und unbarmherziger brannte die Sonne als je an einem 29. November. Die letzte Hoffnung der Bewohner von Valle Hermoso war geschwunden. Nur einer vertraute fest auf die Wunderkraft des Heiligen: der alte Cubas, der Totengräber des Dorfes.

»Kleinmütige!« rief er den auf dem Kirchplatz Versammelten zu, »noch nie hat uns Sankt Andreas im Stich gelassen! Morgen nach der Messe wollen wir den Heiligen in feierlicher Prozession zu dem kleinen Teich ins Tal von Tejo tragen. Beim Anblick des Wassers wird er sich erbarmen und uns seine Hilfe nicht weigern!«

»Bravo!« schrien die Umstehenden, »der alte Cubas hat recht! Pfeift den Nachbarn, alle sollen am Bittgang teilnehmen!«

Und schon lief Diego, der Sohn des Totengräbers, aus dem Dorf, erkletterte den Felsen von Garajonay, und wenige Augenblicke später tönte sein schrilles Pfeifen über Hügel und Bergketten bis zu den entferntesten Gehöften, die Bewohner zur Regenprozession zu laden.

Denn so, wie Diego die Bauern im Umkreise benachrichtigte, so verständigen sich noch heute die Leute von La Gomera durch Pfeifen über die ganze Insel hin. Drei Arten gibt es, mit der sie ihre auf der Welt einzig dastehende »Pfiff-Sprache« übermitteln, die noch aus der Zeit der Ureinwohner stammt: Den schrillen Pfiff mit zusammengepreßten Lippen, der durch die Mundwinkel pfeift und die Skala des ganzen Alphabets umfaßt, den warnenden Pfiff auf den V-förmig in den Mund gesteckten Fingern, und den lockenden Pfiff mit gespitzten Lippen, der am Abend ertönt, wenn sie mit ihren Mädchen von Berghof zu Berghof ›plaudern‹ . . .

Golden dämmerte der Morgen des hoffnungsreichen Tages heran. Die kleine Kirche von Valle Hermoso faßte kaum die Gläubigen, die sich Kopf an Kopf in dem schmalen Raume drängten. Feierlich amtierte der Cura Don Manuel die Messe, und als er das Paternoster sprach, beteten alle laut mit.

Der Gottesdienst war kaum zu Ende, da trat der alte Cubas vor und verlangte im Namen der Gemeinde die Lade, auf der die Figur des Heiligen Andreas thronte, den gelobten Bittgang nach dem Teich im Tal von Tejo anzutreten. Doch der Cura verweigerte die Herausgabe. Gegen eine Prozession im Dorfe hatte er nichts einzuwenden. Aber bis nach Tejo? Er kannte seine Bauern: der Weg war beschwerlich und der Durst groß. Längst hatten seine scharfen Augen die prallen, weingefüllten Lederflaschen erblickt, die unter ihren Gewändern hervorschauten. Ketzerisch und sündhaft nannte er ihr Begehren.

Doch die Menge ließ sich nicht einschüchtern. Sie wollten ihren Regen und nur, wenn Sankt Andreas das Wasser sah, würde er ihnen helfen. So hatte es der alte Cubas verkündet und sein Sohn Diego vom Felsen Garajonay gepfiffen.

Alle Ermahnungen und Bitten des Priesters mußten dem Drängen der dickköpfigen Bauern weichen, und nach langen Verhandlungen setzte sich der Zug endlich in Bewegung.

Voran schritt der Totengräber, steif, würdevoll, mit leuchtenden Augen. Er fühlte sich als Retter des Volkes, als Vermittler des Himmels, dessen Glauben das Land vor Hungersnot bewahrte. Dicht hinter ihm trugen die vier Stärksten des Dorfes die Lade, von der Sankt Andreas mit stierem Blick zu Boden starrte. In langer Schlange folgten die Bittgänger.

Am Ausgang des Dorfes machten sie zum ersten Male halt. Und was Don Manuel befürchtet hatte, nahm hier seinen Anfang. Der Durst war groß, die Sonne brannte lichterloh. Ein kräftiger Schluck aus der Lederflasche half dem Gottvertrauen. Auch der alte Cubas zog einen weingefüllten Balg hervor, den er vor den scharfen Augen des Cura unter der Achsel an einem Lederband verborgen hatte. Dann ging der Marsch weiter.

Immer größer wurde der Durst, immer drückender die Hitze, immer länger die Pausen, immer kräftiger die Schlucke, immer fester der Glaube an die Fürsprache des Heiligen.

Gegen Mittag erreichten sie den Engpaß, der zum Tal von Tejo hinabführt. Aus der Tiefe glänzte der kleine Teich wie ein silberner Spiegel zu ihnen herauf.

»Sankt Andreas!« schrie der Totengräber, »siehst du das Wasser? Prosit!« Und alle tranken dem Heiligen zu, der steif und unbeweglich die Ehrung über sich ergehen ließ. Dann stiegen sie den Felspfad hinab.

Am Rande des Teiches befand sich eine Wiese, auf der die Gläubigen die Lade absetzten. »Wir müssen ihn näher ans Ufer schaffen«, meinte der alte Cubas, »hier sieht er nicht genug.« Und schon wurde seine Weisung ausgeführt.

Da stand der heilige Andreas nun, ein wenig vornübergeneigt, in sein Schicksal ergeben, als sollte er einen zweiten Märtyrertod erleiden, und blickte mit erloschenen Augen auf den kleinen Tümpel. Ratlos glotzten sich die Bittgänger an. Was nun? Der Wein war zu Ende, die letzte Hoffnung geschwunden. Die Worte des Curas fielen ihnen ein: »Wenn Gott nicht will, da hilft auch kein Heiliger als Fürsprecher.«

Und wieder war es der alte Cubas, der ihnen neuen Mut einflößte. »Laßt ihn tanzen!« rief er, »er scheint eingeschlafen zu sein.«

Da packten die vier Stärksten des Dorfes die Tragstangen der Lade, und der seltsame Tanz begann. Erst knieten die beiden vorderen nieder, dann die beiden hinteren, dann schaukelten sie den Heiligen nach links, dann nach rechts, erhoben sich, liefen seitwärts und vorwärts, immer dicht am Ufer, damit Sankt Andreas das Wasser nicht aus den Augen verlor.

Und das Unvermeidliche geschah. Einer der Träger fiel hin, die Schraube, die den Heiligen auf dem Sockel hielt, löste sich, und kopfüber stürzte Sankt Andreas in den Teich. Da schwamm er nun, und es dauerte eine ganze Zeit, bis ihn die Gläubigen herausgefischt hatten.

Der Rausch des schweren Bergweins war verflogen. Zitternd hoben sie ihn auf die Lade und traten gebeugten Hauptes den Heimweg an.

Grausig ward Sankt Andreas anzuschauen. Die Farbe hatte sich aufgelöst, blau und rot triefte es von seinem Mantel herab, breite, braune Streifen liefen über das Gesicht des Heiligen.

Bei Dunkelheit langten sie in Valle Hermoso an, umgingen die Kirche und schafften die Lade durch die Sakristei in die Nische, vor die sie den Vorhang zogen. Dann schlichen sie reumütig nach Hause.

Doch in dieser Nacht geschah das Wunder. Ein Platzregen ging hernieder, wie man ihn noch nie auf La Gomera erlebt hatte. Kein Dach in Valle Hermoso hielt dem strömenden Wasser stand, selbst in ihren Betten spürten die Gläubigen die Kraft der Fürsprache des Heiligen, Sturzbäche sausten die schrägen Straßen herab, es war, als ob die Sintflut über die Insel hereingebrochen wäre.

Der Cura und der Totengräber flüchteten in die Kirche, und beide sanken vor der verblichenen Statue in die Knie, Sankt Andreas um Einhalt zu bitten.

Und der Heilige erhörte sie. Ein strahlender Morgen folgte der schaurigen Nacht.

So stand es zu lesen in der alten Chronik von Valle Hermoso mit der Unterschrift des Curas Don Manuel vom 1. Dezember 1707.

Doch damit ist die Geschichte nicht zu Ende. Genau hundert Jahre später kam eine neue Trockenheit über die Insel, die die hier geschilderte bei weitem übertraf. Im

Volksmunde aber lebte das Wunder des Heiligen Andreas fort, und wieder rüstete man zu einer Prozession nach dem Tal von Tejo.

Und noch gewaltiger war diesmal die Hilfe, die der Regenheilige spendete; bis in die Stuben drang das Wasser, Häuser stürzten ein, eine Menge Vieh ertrank. Die Insel aber war von der Hungersnot errettet.

Seit dieser Zeit pflegt man der alten Bauernregel auf La Gomera hinzuzufügen:

»Doch wenn Sankt Andreas um Wasser ihr bittet,
Sagt ihm, daß er nicht sein Maß verschüttet!«

Der Geschmacksverbesserer

»Nachbarin! Die Mutter läßt fragen, ob Ihr uns den ›Templero‹ borgen wollt? Der Vater hat das Schwein noch nicht geschlachtet und . . .«

So oder ähnlich bittet man sich heute noch auf La Gomera den »Geschmacksverbesserer« aus, wenn man der einfachen Gemüsesuppe den würzigen Duft geben will, der appetitanregend aus den Häusern dringt und die Gangart der müde von schwerer Feldarbeit Heimkehrenden beschleunigt.

Der »Templero« besteht aus einem ranzigen Stück Speck oder Räucherfleisch, in ein Leinensäckchen gebunden, das man an einem Faden in den brodelnden Topf hängt, während die Köchin drei Vaterunser betet. Dann hat das Gericht den vertrauten Geschmack erreicht, der den Gomeranern ein zufriedenes Schmunzeln entlockt.

Am Ausgang der kleinen Ortschaft Hermigua, unweit des plätschernden Baches, stand eine strohgedeckte Hütte, in der María, die Wäscherin des Dorfes, wohnte. Sieben Kinder und den Mann mußte sie von ihrer Hände Arbeit ernähren, denn der alte Lucas war halb erblindet, weil ihn vor einigen Jahren die furchtbare Krankheit heimgesucht. Eiternder Ausschlag bedeckte Gesicht und Hände, tiefe Löcher gruben sich in die ausgezehrten Backen, blutiger Harsch lag über alternden Wunden. »Die Leiden des Lazarus« nannte man es auf der Insel.

Jedes Jahr mästete María ein Schwein, und von dem Erlös kaufte sie das Notwendigste für sich und ihre Familie. Dann war Festtag in der kleinen Hütte, und mit zitternden Fingern tätschelte der alte Lucas die abgearbeiteten Hände seiner tapferen Frau.

Doch karg war der Erlös eines Schweines und lang das Jahr. Die meiste Zeit über hatten sie nichts als eine magere Gemüsesuppe und ein wenig Gofio. Dann schickte María eines ihrer Kinder zur Nachbarin, den ›Templero‹ zu leihen.

Die Nachbarin war die schieläugige Tecla, ein altes, häßliches Weib, das mit ihren drei gelben Zähnen, die unter der Oberlippe hervorstanden, wie des Teufels Großmutter selbst aussah. Bei den Bauern stand sie in hohem Ansehen. Kam eine Seuche über das Vieh, wurde ein Kind krank, wollte eine Kuh nicht kalben, immer rief man die schieläugige Tecla. Mit frommen Gebeten und markerschütternden Schreien trieb sie den Teufel aus und beseitigte das Übel. Diese Kunst trug ihr den Namen »Curalotodo«, Allesheilerin, ein.

Auch in diesem Jahr kam der Sankt-Martins-Tag für das Schwein der Wäscherin María. Das Fleisch und die Knochen wurden verkauft, und ein schönes Stück bekam die schieläugige Tecla, die ihr so oft mit dem Templero ausgeholfen hatte. Doch heuer erzielte María mehr als sonst, und da sie ihre Nachbarin nicht mehr in Anspruch nehmen wollte, beschloß sie, ein wenig Speck zurückzubehalten, um so, wenn er schön ranzig war, einen eigenen Templero zu besitzen.

An den Tagen, an denen die Sonne schien, häufte sich die Arbeit für María. Von früh bis spät kniete sie am Bach, rieb die Wäsche auf den flachen Ufersteinen, bis sie sauber war, und breitete sie zum Trocknen auf die Wiese. Um den Haushalt konnte sie sich dann nicht kümmern, und wenn ihr bis dahin die schieläugige Tecla oder eine andere Nachbarin geholfen hatte, so war ihre Älteste nun erwachsen genug, wenigstens auf das Essen zu achten.

»Aurelia«, sprach sie, »paß gut auf, besonders auf den Templero. Nicht länger als drei Vaterunser darf er in der Suppe hängen. Das genügt, und der nächste Sankt-Martins-Tag ist weit!« Dann ging sie an die Arbeit.

Doch besser als das Mädchen hätte es noch der alte, halbblinde Lucas gemacht. Denn Aurelia war ein wenig beschränkt und anstatt auf die Mutter zu hören, spielte sie mit ihren Geschwistern im Hofe.

So verbrannte am ersten Tage das Essen, am zweiten vergaß sie zu kochen, am dritten hing sie den Geschmacksverbesserer in die Suppe und ging ins Dorf, mit ihren Freundinnen zu schwätzen.

Als sie zurückkehrte, war der Mittag längst vorbei, und eilig setzte sie ihrem Vater den Topf vor. Doch ehe sie noch wußte, was geschehen, hatte der hungrige Alte die ganze Suppe heruntergeschlungen mitsamt dem Templero.

Die Wirkung war schrecklich. Zunächst schwoll dem armen Lucas der Bauch, Schmerzensrufe stieß er aus, »ich ersticke!« schrie er, »ich platze! Bei Gott! helft mir!«

Aurelia rannte auf die Wiese, die Mutter zu holen, die Nachbarn liefen zusammen, der Geistliche kam, ihm die letzte Ölung zu geben, denn als Christ wollte der arme Lucas sterben.

Auch die schieläugige Tecla war herbeigeeilt und starrte ratlos auf den sich vor Schmerzen Windenden. Was war geschehen? So einen Fall hatte sie in der Ausübung ihres Berufes als »Allesheilerin« noch nie erlebt. Wie ein Stein fühlte sich der Leib des Sterbenden an.

Vor ihr kniete María, die Wäscherin, umschlang sie und rief immer wieder: »Nachbarin, rettet meinen armen Mann!«

Noch nie hatte sich jemand umsonst an die schieläugige Tecla um Hilfe gewandt. Kurz entschlossen, wie sie war, wies sie alle aus der Hütte, nur Aurelia sollte bei ihr bleiben.

Als die Nachbarn gegangen waren, nahm sie das Mädchen ins Gebet und erfuhr so, daß der alte Lucas nicht nur den ganzen Topf mit der heißen Gemüsesuppe, sondern auch den kostbaren Templero aufgegessen hatte.

Nicht einen Augenblick mehr überlegte die Allesheilerin. Hier half nur ein kräftiges Mittel, das sie immer dann anwendete, wenn sich den Kühen der Magen umdrehte. Eilig lief sie nach Hause und kam bald mit einer großen Flasche zurück, die mit einer gelben, zähen Flüssigkeit gefüllt war: Palmenhonig, Rizinusöl und zu Pulver gestampfte Farnwurzeln.

Schnell betete sie ein Vaterunser, bekreuzigte sich dreimal, küßte das Amulett ihrer Schutzheiligen, riß dem Alten den Mund auf und goß ihm die klebrige Mischung in den Hals.

Eine Stunde lang rang der Halbblinde nach Luft, und den Rest des Tages saß er im Hofe in der Nähe der Mistgrube, damit er es nicht so weit hatte. Am Abend war er gesund, die Geschwulst des Bauches verschwunden, weich wie ein gegerbtes Ziegenfell fühlte sich der Unterleib an.

Doch damit war des Wunders nicht genug. Täglich schritt seine Genesung fort. Nach und nach verschwand der Ausschlag, die Löcher in den Backen füllten sich, schon konnte er die Gegenstände im Zimmer unterscheiden. Es dauerte nicht lange, und er war gesund und kräftig wie nie in seinem Leben. Das alles hatte das Mittel der schieläugigen Tecla zuwege gebracht, dem auch die hartleibigste Kuh nicht standhalten konnte. Die »Krankheit des Lazarus« war besiegt.

In alten Chroniken wurde das probate Mittel der »Allesheilerin von Hermigua« immer wieder erwähnt und im Lepraheim von Las Palmas bis ins neunzehnte Jahrhundert hinein angewendet. Sechs Monate lang mußten sich die Kranken der Kur unterziehen, und wer nicht vorher starb, kam mit dem Leben davon.

Für diejenigen aber, die an Hartleibigkeit leiden, möchte ich das Rezept der schieläugigen Tecla hier noch einmal wiederholen: Palmenhonig, Rizinusöl und gestampfte Farnwurzeln, jedoch ohne »Geschmacksverbesserer«.

V.

HIERRO,
DIE GEHEIMNISVOLLE INSEL

DAS WUNDER DES GAROE

Mühsam und beschwerlich war das Leben der Guanchen auf der kleinen Insel Hierro, die wie ein gebrochenes Schlüsselbein inmitten des brandenden Weltmeeres liegt. Ein regenarmes Jahr folgte dem anderen, und immer wieder flehten sie zu Eraoranhan, er möchte ihnen Wasser senden. Da beschloß der Gott, das Los seiner Getreuen zu bessern und sie von den Wechselfällen des Wetters unabhängig zu machen.

Und siehe da: eines Tages kam es wie Meeresrauschen durch die Luft. Ein riesiger, weißer Seeadler schoß aus dem Blau des Himmels herab und kreiste dreimal wie suchend über der Insel. Deutlich sah man, daß er etwas im Schnabel trug: über dem Gebiet von Tigulahe ließ er es fallen. Dann schwang er sich mit mächtigem Flügelschlag in den Äther und entschwand den Augen der Guanchen hinter einer lichten Nebelwolke.

Der Zauberer Yone war es, der das Erscheinen dieses wundersamen Vogels deutete, »Der weiße Seeadler ist der Bote unseres Gottes Eraoranhan«, sprach er, »laßt uns

nach Tigulahe ziehen, zu sehen, was er uns gesandt hat.«
Und sogleich machten sich alle auf den Weg.

Als sie an den Ort kamen, wo das Geschenk des Gottes
vom Himmel gefallen war, fanden sie ein kleines Bäumchen mit dicken, saftigen Blättern, wie sie noch keine auf
der Insel gesehen hatten. An der Stelle, wo es lag, gruben
sie es ein, während der Zauberer Yone fromme Sprüche
murmelte. Das Bäumchen aber nannten sie Garoé, was in
ihrer Sprache so viel bedeutete wie »der Heilige Baum«.

Und der Garoé wuchs und wuchs, und ehe ein Jahr
vergangen war, hatte er eine stattliche Höhe erreicht. Drei
Männer konnten kaum den mächtigen Stamm umspan-
nen, breit und ausladend reckten sich die Äste, mächtig
wölbte sich die immergrüne Krone. Doch das Wunderbare war, daß der Baum Wasser spendete. Tag und Nacht
tropfte es von seinen dicken Blättern herab wie rieselnder
Regen, und der Zauberer Yone befahl, an seinem Fuß ein
breites Becken zu graben, das göttliche Naß aufzufangen.
Jubel und Freude herrschte auf der kleinen Insel, dankbar
pries das Volk die Güte Eraoranhans.

Viele Jahre waren vergangen, der Zauberer Yone lag
auf dem Sterbebett. Um ihn her standen schweigend die
trauernden Guanchen. Da richtete er sich noch einmal
auf und deutete mit zitternder Hand wie in unbekannte
Ferne. Schwach, kaum vernehmlich, drang seine Stimme
den Lauschenden ins Ohr: »Wenn mein Fleisch verfault
ist und meine Knochen zu Staub zerfallen sind, wird ein
mächtiger Feind auf schwimmenden Häusern übers Meer
kommen, um euch zu unterwerfen. Leistet ihm keinen

Widerstand, denn unüberwindliche Waffen führt er mit sich, die Tod und Verderben speien. Doch verbergt ihm den Heiligen Baum und hütet sein Geheimnis. Sagt, daß ihr auf der Insel kein Wasser habt außer dem Regen. Dann wird er abziehen und die Heimat euer sein wie ehedem.«

Nach dieser, seiner letzten Weissagung fiel er zurück und verschied.

Und wieder gingen Jahre ins Land.

Schon hatte der normannische Graf und Abenteurer Juan de Bethencourt die Inseln Fuerteventura, Lanzarote und Gomera unterworfen und rüstete nun zum Zuge gegen Hierro. Damit sollte das, was Yone geweissagt, in Erfüllung gehen.

Als die Guanchen eines Morgens die schwimmenden Häuser des Feindes sichteten, öffneten sie die Grabkammer, und siehe da, die Knochen des Zauberers waren zu Staub zerfallen.

Eilig gingen sie an die Ausführung seines letzten Gebotes. Den Heiligen Baum und das Becken umgaben sie mit einer undurchdringlichen Hecke. Sträucher schleppten sie herbei und verkleideten den Stamm der Garoé. Dann erkletterten sie seine Äste und bedeckten die grüne Krone mit Gestrüpp und Brombeerranken.

Inzwischen war der Feind in der Bucht von Tecorone gelandet. Unverzüglich zog ihm Fürst Armiche an der Spitze seiner hundertelf waffenlosen Krieger entgegen, ihm als Vasall zu huldigen. Freundlich begrüßte ihn der Normanne, und der Dolmetscher Augeron übersetzte Rede und Gegenrede.

Als Bethencourt hörte, daß es auf der Insel kein Wasser gäbe, schüttelte er zweifelnd den Kopf. Es mochte stimmen, doch ebenso gut konnte es eine List der Eingeborenen sein, ihn wieder loszuwerden. So schlug er zunächst ein Lager auf und beschloß, das Eiland kreuz und quer zu durchforschen.

Streifen wurden ausgesandt, Stollen in die Berge getrieben, Brunnen gegraben. Die Leute von Hierro schienen die Wahrheit gesprochen zu haben: Wasser fand sich keins.

Schon wollte Bethencourt den Befehl geben, das ungastliche Eiland zu verlassen, als eine merkwürdige Kunde an sein Ohr drang, die ebenso phantastisch wie unglaubwürdig anmutete. Ein toter Zauberer spielte dabei eine Rolle, eine Weissagung und ein verborgener Baum, den die Heiden anbeteten. Kein anderer hatte ihm davon erzählt als sein Pferdebursche Martin.

Und das kam so: Martin stammte wie sein Herr aus der Grafschaft Eu und war ihm, noch ein halbes Kind, auf den abenteuerlichen Zug ins Weltmeer gefolgt. Klug und aufgeweckt wie alle, die es in die Ferne zieht, erlernte er schnell die Sprache der Heiden. Keck stand ihm der kleine Schnurrbart im Gesicht, sein knabenhafter Übermut, sein fröhliches Lachen machten ihn zum Liebling des ganzen Heeres. Und obwohl er nichts war als ein armer Bauerssohn, wurde er bald der Vertraute des großen Bethencourt.

Einen Fehler allerdings hatte Martin, der ihm oft den Zorn seines Herrn eintrug. Er lief den hübschen Guanchenmädchen nach, und darüber kam das Pferd des

Grafen zu kurz. Dann stand es ungestriegelt im Zelt, erhielt sein Futter nicht zur Zeit, und bewegt wurde es auch nicht.

So war es bisher auf allen Inseln gewesen, die das Schwert Bethencourts eroberte, und auch auf Hierro sollte es nicht anders sein. Doch diesmal führte das Liebesbedürfnis des kecken Martin zur Entdeckung des wundersamen Baumes.

Die schöne Ginama, die Tochter eines Hirten von Tigulahe, war es, in die er sich bei einer Streife verguckt hatte. Auch das Mädchen fand an dem schlanken Burschen Gefallen, wie er so in seinem enganliegenden Lederwams sporenklirrend und pfeifend daherkam. Und wie sehr auch der Graf tobte und schrie, keine Nacht verbrachte Martin im Lager. Er wollte die kurze Spanne Zeit nutzen, die sie noch auf dieser wasserlosen Insel saßen.

An jenem Morgen trat er spitzbübisch lächelnd in das Zelt seines Herrn, der ihn zornig anblickte. Doch ob der seltsamen Geschichte, die er zu erzählen wußte, erhellten sich bald die Züge des Grafen. Dieser Martin war doch ein Teufelskerl! Kein Wunder, er stammte ja auch aus der Grafschaft Eu! Die hübsche Ginama hatte sich ernstlich in den Burschen verliebt und, um ihn nicht zu verlieren, das Geheimnis des verborgenen Wasserbaumes verraten.

Unwahrscheinlich genug war das, was der Pferdebursche erzählte. Immerhin, man mußte die Sache untersuchen, und auf einen Tag mehr oder weniger kam es nicht an. Sofort wurde ein Trupp zusammengestellt, der sich unter der Führung Martins mit Spitzhacken und Schaufeln auf den Weg machte.

Damit kam das Wunder des Garoé zu Tage, das den Guanchen von Hierro die Freiheit kostete. Die schöne Ginama mußte den Verrat mit ihrem Leben büßen. In geheimer Sitzung verurteilte sie Fürst Armiche zum Tode. Noch ehe die Sonne sank, wurde sie ergriffen und ihr Haupt mit einem Felsstein zerschmettert, wie es Verrätern gebührte.

Hundertzwanzig Söldner siedelte Bethencourt auf der kleinen Insel an, ehe er die Anker lichtete. Sechzig Guanchenkrieger wurden ihnen als Sklaven zugeteilt. Fürst Armiche und die übrigen nahm der stolze Normanne mit sich übers Meer.

So lautet die Überlieferung, wie sie noch heute auf Hierro umgeht. Dabei möchte ich hier das hinzufügen, was der deutsche Reisende Leopold von Buch zu berichten wußte, der zur Zeit, da Napoleon die Schlacht bei Waterloo verlor, auf der Insel weilte.

Buch schreibt über den Wunderbaum wie folgt: »Ehemals gab es auf Hierro eine riesige Linde (Laurus foctens), deren gigantische, fleischige Blätter dichten Schatten spendeten. Täglich, zwei oder drei Stunden nach Sonnenaufgang, begannen die Blätter Wasser niederzuschlagen, das wie Regentropfen am Fuß des Baumes niederfiel und einen kristallklaren Weiher bildete. Gegen Mittag eilten die Eingeborenen herbei und kehrten am Abend mit gefüllten Krügen in ihre Wohnstätten zurück. Der Baum wurde wie ein Heiligtum gehalten und galt als Weltwunder. Wachen waren aufgestellt, die das Wasser in eine Zisterne leiteten und an die Bewohner verteilten. Der Baum in der Nähe des Dörfchens Valverde existierte noch im Jahre 1609, und Pater

Galindo, der ihn mit eigenen Augen sah, beschreibt ihn uns eingehend. Wenige Jahre später ging die Linde ein.«

Heute fängt man das spärliche Regenwasser auf Hierro in großen Staubecken, und Segelschiffe versorgen die kleine Insel zur Zeit der Trockenheit mit dem segenspendenden Naß, das einst Eraoranhan seinen Guanchen durch den Wunderbaum schenkte.

DER PILGER

Freiheitliche Morgensonne breitete sich über der Insel. Die Tyrannei der Großgrundbesitzer von Hierro war zu Ende, seit der König von Spanien das Lehnwesen geordnet und die Rechte der Häusler, Pächter und Kleinbauern festgelegt hatte. Weiler schlossen sich zu Gemeinden zusammen, Dörfer entstanden. Neue Siedler aus dem Mutterlande trafen ein, und die Anwesen, die bisher heidnische Namen trugen, wechselten sie in die von Schutzheiligen, Familienangehörigen und liebgewesenen heimatlichen Flecken.

Geheimnisvoll mußte das Eiland die Zuwandernden anmuten: rätselhaft war das Wunder des heiligen, wasserspendenden Garoé, sonderbar die Gebräuche der schweigsamen Ureinwohner, unheimlich die dunklen Wälder und tief eingeschnittenen, winkligen Schluchten, die kreuz und quer die Insel durchfurchten.

Am Fuße des Gebirgskammes, der sich mitten durch Hierro zieht, lag ein kleines Anwesen, Eigentum des Siedlers Jorge Ortiga, der sich mit seiner Frau Teresa recht und schlecht von dem schmalen Ertrag ernährte, den die kleine Besitzung abwarf. Beide stammten aus Merida und waren erst vor wenigen Jahren von der Halbinsel eingewandert.

Ihre Behausung bildete eine rohgezimmerte Blockhütte, deren Innenwände mit Lehm beworfen und weiß gekalkt waren. Eine Stube gab es darin, ein Schlafzimmer und eine kleine Kammer. Das neue Heim hatten sie nach der Schutzpatronin ihrer Vaterstadt »Santa Eulalia« genannt, denn sie waren fromme Christen, und kein Tag verging, ohne daß sie den Rosenkranz beteten.

Ein nebliger Herbsttag war zu Ende gegangen. Von dem nahen Dorfe Mareta verklang leise das Abendläuten. Die Hände gefaltet, in stillem Gebet, saßen Jorge und Teresa in ihrer Stube. Ein flatternder Kienspan warf sein zitterndes Licht über die frisch geweißten Wände.

Es war Zeit, das Nachtmahl aufzutragen, als es vernehmlich an der Tür pochte. Der Siedler stand auf, trat ans Fenster und schob den Riegel beiseite.

»Ein armer Pilger, der zum heiligen Pinienhain der Gebenedeiten Jungfrau unterwegs ist, bittet um Obdach für die Nacht«, schlug ihm wehmütig die Stimme eines alten Mannes entgegen. Sogleich öffnete Ortiga und ließ den Greis ein.

Er trug einen weiten, regenfeuchten Mantel, weiß wallte sein Haupthaar herab, ein langer, grauer Bart bedeckte die Brust. Das Merkwürdigste aber waren seine großen, klaren Augen, in denen heiliges Feuer lohte. Unmöglich war es dem Siedler und seiner Frau, den Blick des Pilgers auszuhalten, der aus einer anderen Welt zu kommen schien, die hehr und unergründlich von ihm ausstrahlte.

Unverzüglich trug Teresa den dampfenden, irdenen Topf auf, den Alten zu erquicken, der schweigsam die Suppe in sich hineinlöffelte. Dann begann er zu sprechen, langsam und getragen. Und wenn es auch nur Worte waren, die von seiner Wanderung berichteten, dem Ehepaar klangen sie wie eine Heiligenlegende, die der Pfarrer an hohen Festtagen von der Kanzel liest.

Aus Sabinosa war der Pilger gekommen, wo er zuletzt an frommer Stätte gebetet. Auf verschlungenen Pfaden, über abgründige Schluchten und steile Höhen hatte ihn sein Weg hierher geführt, Nachtquartier zu erbitten für den müden Fuß. »Möge Gottes Segen euch schützen immerdar!« schloß er, und seine Greisenhand schlug ein Kreuz über den tief gebeugten Köpfen der Siedler.

Dann geleiteten sie den Alten in die Kammer, betteten ihn auf weichem Fellager und löschten das Licht.

Am Morgen weckte strahlende Sonne das Ehepaar aus tiefem Schlummer. Gleichzeitig vernahmen sie die Stimme des Ausrufers von Mareta, der von Anwesen zu Anwesen schritt, das Unerhörte zu verkünden, das sich in Sabinosa zugetragen: ein zwölfjähriges Mädchen, armer Häusler Kind, war in der vergangenen Nacht spurlos verschwunden.

Schnell eilte Teresa in die Kammer, den frommen Pilger zu befragen, ob er dem Kind auf seinem Wege vielleicht begegnet wäre. Mit einem Aufschrei fuhr sie zurück: die Kammer war leer.

Und noch geheimnisvoller wurde das Unfaßbare, als sich die Riegel an Tür und Fenster von innen verschlossen fanden. Auf welche Weise hatte der Alte die Hütte verlassen?

Eilig stürzte Ortiga ins Freie und tat dem Ausrufer kund, was sich am letzten Abend in der Santa Eulalia zugetragen. Dann liefen sie geschwind zum Alkalden, ihm Bericht zu erstatten.

Sofort bot der Bürgermeister die Nachbarn auf, die umliegenden Höhen und Wälder abzusuchen und nach dem jungen Mädchen und dem geheimnisvollen Alten zu fahnden. Auch Jorge beteiligte sich an der Streife. Wie sehr sie aber auch riefen und Ausschau hielten, keine Spur fand sich von den Verschwundenen. Müde und niedergeschlagen kehrten sie am Abend von dem erfolglosen Suchen heim.

Doch noch in derselben Nacht sollten Jorge und Teresa eine Botschaft erhalten.

Sie hatten das letzte Ave Maria gebetet und wollten gerade das Licht löschen, als auf dem Hofe eine klare, getragene Stimme ertönte, die sie bei Namen rief. Kein Zweifel, es war die des Pilgers.

Schnell eilten sie hinaus und blieben wie angewurzelt stehen, an der Hofmauer lehnte die Gestalt des Alten, die in geisterndes Mondlicht getaucht schien. Um sein Haupt glänzte bleich ein Heiligenschein, die ausgestreckte Hand hielt ein silberflutendes Kreuz.

Wohllaut tönten seine Worte an ihr Ohr: »Pilgert hin zum Heiligtum meiner Mutter, der hohen Himmelskönigin! Dort werdet ihr das Mädchen finden, das ihr sucht. Wie ein Engel schläft es zu ihren Füßen.«

Tief hielten die beiden den Kopf gesenkt und hörten die seltsame Mär. Als sie wieder aufschauten, war die lichte Gestalt verschwunden.

Wie ein Lauffeuer war das Wunder von »Santa Eulalia« bis in die fernsten Gehöfte gedrungen, die sich weit am Hang des Gebirgskammes hinaufziehen. Von allen Seiten strömten Leute zusammen, der feierlichen Prozession beizuwohnen, die am kommenden Sonntag zum Sanktuarium der Himmelskönigin gehen sollte, das von luftiger Höhe am Fuße des Mal-Paso weit ins Tal hinabschaut.

Langsam setzte sich bei Morgengrauen der Zug in Bewegung. Neben dem Alkalden schritten die Eltern des Mädchens Bernarda, das so geheimnisvoll verschwunden war. Dumpf schlugen die Trommeln gleichmäßigen Takt, dazwischen klang betend die Stimme des Curas. Weihrauch stieg kerzengrade in die silberne Luft des anbrechenden Tages. Bald nahm der Wald die ehrfürchtigen Gläubigen auf.

Nach langer Wanderung kam das Heiligtum in Sicht. Gleißend spielten goldene Sonnenstrahlen auf dem hohen Kreuz der schneeigen Kapelle. Geheimnisvoller Schauer zwang die Wallfahrer auf die Knie, und der Cura stimmte einen Lobgesang zu Ehren der Heiligen Jungfrau an, in den die frommen Pilger andächtig einfielen.

Steil und steinig führte der Weg bergan. Als der Zug vor der Kapelle hielt, standen die Torflügel weit geöffnet. Auf den Stufen des Altars aber, zu Füßen der heiligen Gottesmutter, lag das junge Mädchen aus Sabinosa in tiefem Schlaf, wie es der greise Pilger gekündet hatte.

Als sich die Eltern Bernarda näherten, schlug sie die Augen auf und erwachte aus ihrer totenähnlichen Starre. Was sie über ihr seltsames Verschwinden berichtete, klang sonderbar genug. Mitten in der Nacht war ihr im Traum eine Frau erschienen, wie die, die auf dem Altar stand, hatte sie bei der Hand genommen und hiehergeführt. »Schlafe, Bernarda«, sagte sie, »man wird dich suchen und finden. Kein weltliches Leben ist dir beschieden, du sollst die Braut Christi werden.«

Ergriffen lauschten die Umstehenden der Erzählung des Mädchens, und der Alkalde ließ von dem Gotteswunder einen Akt aufnehmen, den der Cura von Mareta unterschrieb. Im Archiv von Sabinosa wird das Dokument aufbewahrt. Es trägt die Jahreszahl 1684.

Das Mädchen der armen Häusler aber trat als Novize ins Kloster von El Real de las Palmas auf Gran Canaria ein. Und noch heute hängt dort im Kreuzgang ein Bild der Sor Bernarda, das von ihrer Heiligkeit kündet.

Jorge Quintero aber und seine Frau Teresa glaubten bis an ihr Lebensende, daß der fromme Pilger, dem sie in jener nebligen Herbstnacht Unterkunft gewährten, kein anderer war als der Heilige Gottvater selbst.

DER LETZTE ZORROCLOCO

⌒ o ⌣

Auf der kleinen Insel Hierro herrschte bis in die Mitte des vorigen Jahrhunderts ein merkwürdiger Brauch. Nicht daß er allgemein gewesen wäre, aber immerhin verbreiteter, als man heute nach seinem vollständigen Verschwinden annehmen könnte. Jedenfalls behauptet die Überlieferung, daß mehr als die Hälfte aller Ehemänner zur gegebenen Zeit den »Zorrocloco« machten.

Das Wort »Zorrocloco« ist eine spanische Redewendung, die sich gar nicht oder nur sehr schwer übersetzen läßt. »Zorro« ist der Fuchs, bedeutet aber auch einen listigen Menschen, der lieber die anderen für sich arbeiten läßt und ihre Früchte einheimst. »Cloco« kann man vielleicht am besten dem deutschen »Glucke« gleichsetzen, wie man Bruthennen volkstümlich zu nennen pflegt. Nimmt man es demnach wörtlich, so wäre »Zorrocloco« der »Fuchsgluckner«, also ein brütender männlicher Fuchs, was nichts besagt und nichts bedeutet.

Damals gab es auf Hierro mehr Zorroclocos, wie die Mehrzahl dieser ausgestorbenen Spezies lautete, als den armen Ehefrauen lieb war, und an der Zeit ist es, dem Leser zu erklären, wen man als solchen bezeichnete. Ein Beispiel mag es erläutern.

Nehmen wir ein jung verheiratetes Ehepaar. Neun Monate sind vergangen, seit sie sich vor dem Altar ewige Treue schworen. Die Stunde hat geschlagen, die einen neuen Erdenbürger ans Licht der Welt bringen soll. Im Ehebett liegt die werdende Mutter und stöhnt, denn schon haben die Wehen eingesetzt.

Da schleicht sich der Mann in den Alkoven neben der Kammer der Gebärenden. Flink kriecht er ins Bett, das dort seiner harrt, zieht die Decke über die Ohren und wartet mucksmäuschenstill bis alles vorüber ist. Auch dann gibt er kein Lebenszeichen von sich. Geduldig wartet er weiter: er macht den Zorrocloco.

Da kommt die Hebamme und bringt der Wöchnerin eine Tasse Schokolade oder süßen Wein mit Biskuit oder auch feine Hühnerbrühe. Und jetzt ist endlich die Stunde für den Zorrocloco gekommen. Er beginnt zu stöhnen und zu jammern, bis er auch seine Tasse Schokolade, seinen süßen Wein und seine Hühnerbrühe hat. Die Sitte verlangt, daß er ebenso bedient wird, wie die junge Mutter, und keine Minute früher verläßt er das Bett als sie.

In dem schmucken Dörfchen Ixora, dessen fruchtbare Felder sich weithin dehnen, lebte damals die schöne Celestina, wie sie allgemein genannt wurde. Sie war das einzige Kind eines reichen Bauern, nach dessen Tod sie die väterliche Erbschaft übernommen hatte. Dreißig Morgen nannte sie ihr Eigen, fünf Milchkühe standen im Stall, eine hübsche Anzahl Federvieh gackerte und schnatterte im Hof, und hinten im Verschlag grunzten behäbig drei fette Mastschweine.

Die schöne Celestina hatte ihr Gut im Schwung. Knechte und Mägde mußten tüchtig heran, und sie selbst griff überall entschlossen zu, wo es not tat. Stets war sie die erste, die die Ernte unter dem Dach hatte, Milch, Butter und Käse brachten ihr einen hübschen Batzen Geld ein, sie war drauf und dran, Land dazuzukaufen und das Erbe ihres Vaters zu vergrößern.

Wenn sie so im Sonntagsstaat, das schwarzseidene Spitzentuch der Mutter auf dem Kopf, zur Frühmesse ging, sahen ihr nicht nur die heiratslustigen Burschen des Dorfes nach. Auch mancher Ehemann schaute verstohlen hinüber. Ihr aufrechter, gerade gewachsener Körper, dessen plastische Formen das enganliegende Kleid vorteilhaft unterstrich, lenkte nur zu oft den Blick der männlichen Gläubigen vom Altar ab. Dann griffen sündige Gedanken in den Gemütern Platz, bis die drohende Stimme des Geistlichen die Erschreckten zur Heiligkeit des Hochamtes zurückrief.

Kein Wunder, daß sie mehr Freier umdrängten als irgendein junges Mädchen im Dorfe. Hübsch, lustig und reich war sie, und auf dem Tanzplatz beim Erntedankfest flog sie von einem Arm in den anderen.

Doch alle, die sich ihr näherten, wies sie ab. Sie konnten noch so schön tun und versprechen, was sie wollten. Sie nahm keinen von Hierro, und wenn er ihr den Mond geschenkt hätte. Verliebt wie sie waren, schworen sie das Blaue vom Himmel herunter und nachher? Nachher machten sie in der schwersten Stunde der Frau den Zorrocloco und rüppelten und rührten sich nicht.

An einem sonnigen Herbstmorgen war es, als die schöne Celestina wie gewöhnlich den Schweinen die frische Buttermilch in den Futtertrog schüttete. Da drang ein schwacher Ruf an ihr Ohr. Aus dem Nachbarhaus kam er, jetzt verstand sie deutlich die Worte: »Celestina, o Celestina, ich sterbe! Lauf schnell und hole die Hebamme, ich glaube, es ist so weit!«

Das war die Stimme der armen Manolita, die stöhnend auf dem Ehebett lag und ihr erstes Kind erwartete.

»Und dein Mann?« rief Celestina über die Mauer zurück.

»Ach«, kam es wehleidig von drüben, »er liegt im Alkoven auf dem Strohsack und macht den Zorrocloco.«

»Graciliano macht den Zorrocloco?« Wut und Abscheu lag in dem Tonfall der schönen Celestina. Wie gut, daß sie diesen Burschen damals abgewiesen hatte. Noch kein Jahr war es her, daß er um sie herumschwänzelte und die Augen verdrehte. Sie hatte ihn weggejagt wie alle die anderen, und kurz darauf nahm er Manolita zur Frau.

Im Anfang tat es ihr leid, denn er war ein hübscher, kräftiger Bursche. Nun aber? Recht hatte sie gehabt wie immer: keiner von Hierro taugte etwas. Da lag nun die arme Manolita in ihren Schmerzen und dieser Lümmel dachte an nichts als an die Schokolade, den süßen Wein und die feine Hühnerbrühe.

Doch jetzt war keine Zeit zum Nachsinnen. Wie sie ging und stand stürzte sie davon, die Pura zu holen, die am Ende des Dorfes wohnte. Wie ein Sturmwind fegte die schöne Celestina durch die Gassen, ihre Haare flogen, mit beiden Händen hielt sie den Rock geschürzt: ihre schlanken Fesseln und kräftigen Waden zogen aller Blicke auf sich.

Erst auf ihrem Rückweg konnten sich die erstaunten Bauern den eiligen Lauf der schönen Celestina erklären. Eben bog sie um die Ecke. In der Linken trug sie eine große, schwarze Ledertasche, an der Rechten zog sie die dicke, schnaufende Pura hinter sich her, der sie nicht einmal Zeit gelassen hatte, die Hanfschuhe anzuziehen.

Als sie in die Kammer Manolitas traten, war bereits alles vorüber. Schreiend lag ein kräftiger, krebsroter Knabe an der Seite der jungen Mutter.

Celestina atmete auf. Gott sei Dank! Es war gut gegangen. Und nun half sie der Pura das Bad richten und tat die erforderlichen Handdienste, so als ob sie ihr ganzes Leben nichts anderes getan hätte.

Über all diesem hatte sie den Zorrocloco vergessen, der nebenan im Alkoven lag und bereits im Traum klimmender Genüsse schwelgte. Da trat die Pura mit einer großen Tasse dampfender Schokolade ins Zimmer. Ihr Duft stieg Graciliano in die Nase, und sogleich begann er zu ächzen und zu stöhnen, wie es der Brauch erforderte.

Die Hebamme war an derlei gewöhnt und wollte in die Küche eilen, eine zweite Tasse für den Zorrocloco zu holen. Da trat ihr die schöne Celestina in den Weg. »Bleibt bei der Wöchnerin, Pura«, sagte sie, »ich selbst werde ihm seine Schokolade bringen.«

Gleich darauf war sie zurück. In ihrer linken Hand hielt sie das dampfende Getränk, die rechte lag unter der

Schürze verborgen. So trat sie durch den Vorhang in den halbdunklen Alkoven.

Stöhnend richtete sich der Zorrocloco auf. Ein listiges Lächeln stand in seinem Gesicht. So waren die Weiber! Erst hatte ihn die schöne Celestina abgewiesen, und nun brachte sie ihm eigenhändig das ihm Gebührende. Wenn sie vernünftig gewesen wäre, würde er heute bei ihr den Zorrocloco machen.

Schwapp! Die heiße Schokolade flog ihm ins Gesicht. Mit einem Schmerzensschrei sprang Graciliano vom Strohsack auf. Da sauste das handfeste Küchenscheit, das die schöne Celestina unter der Schürze verborgen hielt, auf seinen Buckel. Im Nachthemd floh er durch die Tür, über den Hof, in den Schweinestall. Dort riegelte ihn die schöne Celestina ein.

Trotz der Bitten Manolitas mußte Graciliano im Schweinstall verbleiben, bis sie ihr Lager verlassen konnte. Sie selbst, mit dem Kind im Arm, befreite ihn aus seinem Gefängnis.

Die Pura aber konnte den Mund nicht halten, und auch die schöne Celestina erzählte es allerorten. Seitdem wagte keiner mehr auf Hierro, den Zorrocloco zu machen.

VI.

FUERTEVENTURA, DAS ASCHENBRÖDEL

DIE HEILIGE JUNGFRAU DES LICHTS

Nur ein einziges, kleines Gotteshaus gab es zu jener Zeit auf Fuerteventura, unweit des Klosters der frommen Franziskaner, das von steiler Höhe ins Tal des Rio de las Palmas schaute. Ohne fremde Hilfe hatten es die Mönche erbaut, die mächtigen Stämme der kanarischen Tamarinden gefällt, sie zu geradlinigen Balken zersägt, zum Bauplatz geschafft und kunstvoll gefügt. Ein großes, einfaches Holzkreuz, das der Pater Torcaz aus Spanien mitgebracht und auf seinen Schultern von der Küste heraufgetragen, bildete den einzigen Schmuck der weißleuchtenden Kapelle.

Rings um das Kloster lagen die Anwesen der Siedler, und drüben stand der trutzige Bau des Herrn der Insel, Don Diego de Herrera. Uneingeschränkt regierte er auf Fuerteventura und nicht nur die weltliche Macht war es, die ihn stützte, auch Papst Eugen IV. hielt schützend die Hand über ihn.

Herrera hatte einen Sohn, den sechsundzwanzigjährigen Don Sancho, in Aussehen und Charakter das

Ebenbild des Vaters. Stolz, abenteuerlich, verwegen, richtete er seine Gedanken auf eine Tat, die ihm nicht nur Ruhm und Anerkennung auf dieser Welt, sondern auch einen Ehrenplatz im Himmel sichern würde. Denn trotz allen jugendlichem Ungestüm war er fromm und gottesfürchtig und befolgte aufs genaueste die Vorschriften der Heiligen Römischen Kirche.

Da war ein Gerücht an sein Ohr gedrungen, das ihn seit Wochen nicht schlafen ließ. Genuesische Seefahrer hatten es mitgebracht und beim Kruzifix beschworen. Von der Hölleninsel waren sie gekommen, die die Guanchen Tenerife nannten, wo sie wertvolles Blut vom Drachenbaum, gegerbte Häute und Talg eingehandelt und die Heilige Jungfrau mit eigenen Augen geschaut hatten.

Wundersam genug klang ihr Bericht:

An einem Spätnachmittag treiben Ziegenhirten wie immer ihre Herde zum Brunnen am Strande von Chimisay, als die Tiere plötzlich wie erstarrt stehen bleiben. Was ist das? Mitten in der Schlacht, die in schmalen Windungen hinabführt, steht eine fremde Frau, ein Kind im Arm und blickt unverwandt übers Meer. Die Hirten beginnen zu pfeifen, damit sie den erschreckten Tieren den Weg frei gibt, denn verboten ist es den Guanchen bei Todesstrafe, ein weibliches Wesen auf einsamem Pfad anzusprechen.

Doch die Fremde rührt sich nicht. Langsam nähern sie sich und erkennen staunend, daß es eine Figur aus Holz ist, wie sie noch keine geschaut. Da zieht einer von ihnen sein scharf geschliffenes Obsidianmesser und stößt nach dem Standbild, es zu Fall zu bringen. Mit einem Schmerzensschrei entgleitet ihm die Waffe, unversehrt steht die Figur, ein breiter Schnitt zieht sich über seine Hand.

Da hat der zweite einen schweren Feldstein ergriffen, die hölzerne Frau zu zerschmettern. Weit holt er aus zu federndem Schwung, da springt sein Arm aus dem Schultergelenk und hängt wie tot herab.

Für die Hirten gibt es kein Halten mehr. Entsetzen packt sie, und Hals über Kopf fliehen sie nach Güímar, ihrem Fürsten Bericht zu erstatten.

Im weiten Tagoror sitzt der Mencey mit den Edlen beim Rat, als ihm die atemlosen Hirten die Botschaft überbringen. An der Spitze seiner Krieger macht er sich unverzüglich auf den Weg zur Schlucht von Chimisay.

Wahr hatten die Hirten berichtet: nie sah ein Guanchenauge Ähnliches. Sinnend steht der Fürst und betrachtet die geheimnisvolle Frau. Auf dem Kopf trägt sie einen hohen, zackigen Schmuck, der in der Abendsonne aufleuchtet wie die Schroffen des Ringkammes, der das Tal von Güímar einschließt. Im rechten Arm hält sie einen Knaben, der zu lächeln scheint, in der linken einen langen Stab, auf dem ein Licht steckt, wie er es bei den Fremden gesehen, die manchmal auf ihren schwimmenden Häusern übers Meer kommen. Lang wallt der faltenreiche Mantel herab, in ihren Augen liegt ein seltsamer Glanz, etwas Überirdisches strahlt aus dem feingeschnittenen Gesicht.

Niemand wagt sich ihr zu nähern. Da tritt der verwundete Hirt vor, streicht zaghaft über den weiten Mantel, und im Nu ist seine Hand geheilt. Auch der, der den Stein auf die Jungfrau schleudern wollte, berührt sie, und im selben Augenblick fühlt er, wie sein Arm die alte Kraft und Behendigkeit wiedererlangt.

Ehrerbietig wirft sich die Menge zur Erde. Göttliche Macht geht von dieser Fremden aus und göttliche Ehren soll sie genießen. Auf Befehl des Fürsten wird sie in die nahe Grotte von Atbínico gebracht, die er ihr als Wohnung zuweist . . .

Dort hatten die genuesischen Seefahrer vor der Heiligen Jungfrau des Lichts gekniet und ihren Segen erfleht. Himmlische Schönheit malte sich in ihrem Gesicht, und keines Menschen Hand konnte sie gefertigt haben. Die Engel selbst schufen ihr Ebenbild und trugen es nächtens an den Strand von Chimisay, wo es die Guanchen fanden.

Die Heilige Jungfrau des Lichts! Immer wieder hatte sich Don Sancho de Herrera die Wunder erzählen lassen. Nun stand sein Entschluß fest: er mußte hinüber nach Tenerife und die Madonna aus der Gewalt der Heiden befreien. Hierher in die kleine Kapelle würde er sie bringen, in das geweihte Gotteshaus, und sich einen Verdienst damit erwerben, der ihm im Himmel die Vergebung aller Sünden eintrug.

Schnell war eine Karavelle ausgerüstet und mit den Segenswünschen seines Vaters stieß er eines Sonntags in See.

Freundlich empfing ihn der Fürst von Güímar und geleitete ihn selbst nach der Grotte von Atbínico. Doch als er von seinem Wunsche hörte, die Jungfrau mit sich übers Meer zu nehmen, schlug er ihm die Bitte rundweg ab.

Und so viel ihm Don Sancho auch bot an Leinen, Sammet und bunten Glasperlen, der Guanchenfürst schüttelte den Kopf. Wunder über Wunder hatte die Madonna getan, Kranke geheilt, es zur rechten Zeit regnen lassen und der Seuche unter dem Vieh Einhalt geboten.

Nichts blieb Don Sancho als die List. Am Abend lichtete er die Anker und fuhr aufs Meer hinaus. Im Dunkel der Nacht aber kehrte er in einem Boot zurück, sprang mit drei Getreuen an Land, stieg hinauf zur Grotte von Atbínico und raubte die Jungfrau.

Wohlbehalten erreichte er mit seiner Beute die heimatliche Küste. Am Hafen erwartete ihn sein Vater Don Diego, der Prior mit den frommen Franziskanermönchen und viel Volk. In langer Dankesprozession wurde die Jungfrau zu der kleinen Kapelle hinaufgetragen, und den ganzen Weg ließ sich Don Sancho nicht ablösen. In der gewölbten Seitennische, an geweihtem Platz, hob man sie unter den Gebeten der Gläubigen auf den hohen Sockel.

Don Sancho konnte die morgendliche Frühmesse kaum erwarten. Als er, der ersten einer, in die Kapelle trat, glaubte er seinen Augen nicht zu trauen. Ein Wunder war geschehen, oder hatten frevelnde Hände gewagt, die Madonna zu berühren? Da stand sie mit dem Gesicht zur Wand gekehrt und schaute unbeweglich in der Richtung nach Tenerife.

Bestürzt eilte der Prior herbei und gemeinsam rückten sie das Standbild zurecht.

Doch Nacht für Nacht wiederholte sich das gleiche. Jeden Morgen fanden sie die Jungfrau mit dem Gesicht zur Wand gekehrt, den Blick wie trauernd nach der fernen Insel gerichtet.

Don Sancho zermartete sich den Kopf. War es ein Sakrileg, das er begangen, als er die Madonna den Heiden entführte? Wollte sie zurück, den Guanchen von Güímar das Licht des Christentums zu bringen, das sie symbolisch in der Hand hielt? Hatten sie nicht die Engel selbst auf ihren Befehl zum Strande von Chimisay getragen? In inbrünstigem Gebet suchte er Erleuchtung.

Da brach eine schreckliche Seuche auf Fuerteventura aus. Mehr als zweihundert Menschen fielen ihr zum Opfer. Es war wie damals, als die Philister die Bundeslade aus dem Tempel geraubt hatten. Im ersten Buch der Könige stand es: so strafte Gott die Lästerer.

Schrecken erfaßte den Prior und die Gemeinde. Unverzüglich mußte Don Sancho die Heilige Jungfrau des Lichts zurückschaffen zur Grotte von Atbínico, den Zorn der Himmelskönigin zu beschwichtigen.

In härenen Bußgewändern begleiteten die frommen Franziskaner die Madonna zur Küste, und bald entschwand die schnelle Karavelle Don Sanchos ihren Augen.

Am Strand von Chimisay knirscht ein Boot in den Ufersand. Behutsam wird ein in Decken gehüllter Gegenstand herausgehoben. Drüben steht der Fürst von Güímar, umgeben von seinen Edlen. Hirten und Krieger nähern sich neugierig, scheu drängen sich hinter ihnen Frauen und Kinder.

Don Sancho tritt auf den Fürsten zu. Ungläubiges Staunen erregen seine Worte. Er behauptet, die Jungfrau geraubt zu haben und sie nun zurückzubringen? Schallend lacht der Fürst auf: mit eigenen Augen hat er sie gesehen, täglich, und viele mit ihm. Die ganze Zeit, die der Fremde auf der fernen Insel geweilt, stand sie oben in der Grotte von Atbínico.

Gemeinsam treten sie den Weg zur Höhle an. Als sich ihre Augen an das Halbdunkel gewöhnen, stößt der Fürst einen Schrei aus. Der Platz, wo die Madonna thronte, ist leer.

Da enthüllt Don Sancho feierlich das Standbild. Eigenhändig hebt er es auf den Felsen, von dem er es in dunkler Nacht geraubt. Ein holdseliges Lächeln schwebt über dem Antlitz der Jungfrau. Lange kniet er in stummem Gebet. Gottes Allmacht hat sich ihm aufgetan. Ein Engel mußte den Platz der Jungfrau eingenommen und den Guanchen ihr Bildnis verkörpert haben, während sie in Fuerteventura weilte.

Von diesem Wunder berichten uns eingehend der fromme Pater Espinosa in seiner Chronik. Eine kritisch-historische Studie über das merkwürdige Erscheinen der Heiligen Jungfrau des Lichts, die heute die Schutzpatronin des gesamten kanarischen Archipels ist, läßt folgendes vermuten:

Schon hundert Jahre vor der Eroberung Teneriffas durch die Spanier kamen vereinzelt Mönche auf diese Insel, die Guanchen zum Christentum zu bekehren. Bei den unzulänglichen Sprachkenntnissen dieser Missionäre war es ihnen natürlich äußerst schwer, den Eingeborenen Wesen und Begriff der heiligen Gottesmutter zu verdeutlichen. Man nimmt daher an, daß einer dieser Mönche im Jahre 1392 dem genuesischen Seefahrer Cristóbal de Ponte den Auftrag gab, eine geweihte Jungfrau aus Italien mitzubringen. Sei es nun, daß der Mönch starb oder vertrieben wurde, wahrscheinlich setzte der Genuese die Madonna am Strand von Chimisay ab, wo sie dann die Guanchen von Güímar fanden und in Unkenntnis bildender Kunst als göttliches Wesen verehrten.

So läßt es sich auch erklären, daß die Eingeborenen der Südküste später willig das Christentum annahmen und an Seite der Spanier gegen ihre heidnischen Brüder fochten.

Im Jahre 1464 wurde die Madonna von Sancho de Herrera geraubt und nach Fuerteventura geschafft. Die kurz darauf ausbrechende Seuche führte dem frommen Katholiken sein Sakrileg vor Augen, und eilig brachte er sie nach Teneriffa zurück.

DER HEXENSPUK

Lang ausgestreckt, wie ein verbogener Tortenheber mit allzu kurzem Griff, dehnt sich die Insel Fuerteventura zwischen Lanzarote und Gran Canaria. Von der See aus gesehen scheint sie kaum über den Meeresspiegel emporzuragen und gleicht mit ihren wenigen Erhebungen im Norden und Süden einem geschweiften Reitsattel, der im flimmernden Sonnenglast wie eine Fata Morgana anmutet. Im Volksmunde wird sie von ihren kanarischen Schwestern »La Cenicienta«, das Aschenbrödel, genannt.

Schuld daran tragen die spanischen Eroberer, die die reichen Waldbestände restlos abholzten und das herrliche, von sprudelnden Bächen durchzogene Eiland in eine Wüste verwandelten. Nur in regenreichen Jahren grünt und blüht es hier wie in alter Zeit, und der Erntesegen strömt in die mächtigen Scheuern und dickbäuchigen Schiffe, die in Puerto de Cabras vor Anker liegen.

Um so furchtbarer sind die trockenen Jahre. Die Bevölkerung flieht auf die Nachbarinseln, das Vieh, das nicht rechtzeitig weggeschafft wird, verdurstet. Segelboote von Gran Canaria versorgen die wenigen Zurückbleibenden mit Trinkwasser, von dem ein Eimer voll mehr als eine Pesete kostet. Gluthitze liegt über dem ausgedörrten Land, atemraubender Wind vom Kap Juby, der aus der Sahara herüberweht, hüllt die Landschaft in eine diesige Staubwolke feinsten Wüstensandes, der in Nase, Augen und Ohren dringt und die Poren verstopft. Trappen, Fasanen, Wildtauben und Haselhühner verenden in den wenigen, ausgetrockneten Wasserläufen.

Ein regenreicher Frühling hatte dieses Jahr die Insel wiederum in ein Paradies verwandelt. Auf dem welligen Flachlande, das sich rings um das Dörfchen La Oliva zieht, wogten goldgelbe Kornfelder, soweit das Auge blicken konnte. Lange Reihen von Schnittern schwangen in gleichmäßigem Takt zu munterem Gesang ihre kurzstieligen Sensen, wie man sie hierzulande gebraucht.

Ihnen folgten Frauen, die das gemähte Getreide zu hohen Garben banden.

Da standen sie nun zum Trocknen in der Julisonne und warteten darauf, auf die Dreschplätze geschafft zu werden, die wie große, runde Kuchenteller verstreut im Gelände lagen. Ein wenig erhöht, mit einer niederen Steinmauer umgeben, starrte ihr festgestampfter, glattgefegter Boden rotbraun zum wolkenlosen Himmel auf, der dem geblendeten Auge weiß erschien.

Der August kam und mit ihm die Zeit, das Getreide zu dreschen. Auch der Aufseher Pedro hatte mit seiner »Cuadrilla« den Auftrag bekommen, an die Arbeit zu gehen. Mit frohem Gesang brachen sie von La Oliva auf, wohin sie nicht eher zurückkehren würden, bis das letzte Korn vom Dreschplatz gefegt war.

Die aufgehende Sonne sah unsere Cuadrilla bereits an der Arbeit. Auf dem Dreschbrett, das einem hufeisenförmigen Schlitten glich, in dessen breiten Boden spitze Steine eingelassen waren, die die Körner aus den Ähren mahlten, saß Pedro selbst und trieb das Maultier an. Ihm folgten die Getreidewender mit ihren Holzgabeln, andere fegten die ausgedroschenen Körner an den Mauerrund, wieder andere füllten sie in Säcke.

Immer im Kreis herum ging es. Dem Maultier waren die Augen verbunden, damit es nicht drehkrank wurde, und die Männer auf dem Schlitten lösten sich ab. Bald floß der Schweiß in Strömen, unbarmherzig brannte die Sonne, immer kürzer wurde der Schatten des Maultieres, jetzt schien er nur noch der einer langohrigen Ziege: der Mittag war da.

Das gleichmäßige Bimmeln einer fernen Glocke ertönte. Alle wandten die Köpfe nach dem kleinen Hügel, über dem die schwankende Spitze einer »Montera« (Art Zipfelmütze) sichtbar wurde.

»Tío Negrín!« riefen die Leute und warfen freudig ihre breitrandigen Strohhüte in die Luft: »Tíiiioooo Neeegriíin!«

Ruckweise, im Paßgang, schwankend wie ein Schiff, mit kleinen Mäuseohren und aus dem Kopf springenden Augen, herabhängender Oberlippe, gebogenem Hals und baumelnder Zottelmähne, die an einen Priesterkragen erinnerte, stapfte ein Kamel über den Hügel, auf dem der so freudig Begrüßte saß: Tío Negrín, der Essen und Wasser für die Landarbeiter brachte.

Unter dem kleinen Feigenbaum, der den einzigen, dürftigen Schatten im ganzen Umkreis spendete, erwarteten sie das Herannahen des Kamels und seiner Ladung.

»Tuche!« schrie Tío Negrín, als er angelangt war, und gehorsam knickte das Reittier erst die Vorder- und dann die Hinterbeine ein. Breit und behäbig ruhte es nun auf dem Boden. Die Lebensmittel wurden abgeladen, bald waren alle beim Essen, die Wasserkrüge kreisten.

Tío Negrín mochte vielleicht fünfzig Jahre zählen, doch die Zeit schien spurlos an ihm vorübergegangen zu sein. An der Seite seines Sohnes Paco, der in der Cuadrilla Pedros arbeitete, sah er aus wie dessen älterer Bruder. Stets war er zu Späßen aufgelegt, und besonders mit Pedro, dem Aufseher, neckte er sich gern.

Unter allerlei Gesprächen verging die Mittagszeit schnell. Dann bestieg Tío Negrín von neuem das Kamel, drückte seinem Sohn die Hand und verschwand über die nahen Hügel in der Richtung nach La Oliva.

Wieder begann die einförmige Arbeit, wieder kreiste der Schlitten, Getreide wurde gewendet, Körner zur Seite gefegt.

Nach dem Abendbrot holten die Leute ihre Gitarren hervor. Lustige Lieder erschallten am Lagerfeuer, Kreistänze wurden aufgeführt, die schöne Stimme Pacos erklang in der lauen Sommernacht.

Doch was war das? Mitten im Lied verstummte er und deutete mit zitternder Hand nach der abgebrannten Mühle, deren dunkle Mauerreste sich gespenstisch gegen den sternenübersäten Himmel abhoben. Drüben tanzte im rasenden Wirbel ein Feuerschein um die kleine Bodenwelle, auf der die Ruine lag . . . verschwand . . . kam wieder . . . Jetzt schien das Licht stillzustehen, dann begann es von neuem seinen tollen Reigen.

Da fiel ihnen ein, was Tío Negrín heute Mittag erzählt hatte. Hexen sollten um Mitternacht auf feurigen Besen durch La Oliva gestürmt sein. Deutlich hatte er den heißen Rauch verspürt, der in seine Hütte drang.

»Hexen!« meinte der Aufseher und lachte schallend. Das war sicher einer der Scherze, die Tío Negrín immer bereit hatte. Wer glaubte bei strahlendem Sonnenlicht an Hexen! Doch jetzt, in dunkler Nacht, die gespenstische Mühle im Hintergrund, sah die Sache anders aus. Angstvoll starrten sie hinüber, einige bekreuzigten sich. Auf einmal war der Spuk verschwunden. Dicht rückten sie aneinander, hüllten sich in ihre Decken und waren bald eingeschlafen.

Der nächste Mittag kam, und wieder erschien Tío Negrín. Sie berichteten ihm, was sich in der Nacht ereignete, und er versprach, am Abend Hilfe zu senden.

Als es dunkelte, trafen zehn handfeste Burschen aus La Oliva ein. Drei von ihnen schulterten ein paar alte Steinschloßflinten, die anderen waren mit dicken Knüppeln bewaffnet. Außerdem hatte jeder einen langen Lederriemen mitgebracht, die überwältigten Hexen zu binden und im Triumph nach La Oliva zu schleppen.

Kurz vor Mitternacht machten sie sich prahlerisch auf den Weg zur Mühle.

Sie hatten noch nicht die Hälfte des Weges zurückgelegt, als der Spuk begann. Wie wild tanzte der Feuerschein um die Mauerreste. War es eine Hexe, waren es sechs, ein Dutzend? Sie wußten es nicht. Schrecken erfaßte sie, Knüppel und Flinten warfen sie fort und stürmten davon. Allen voran der prahlerische Anführer. Und nicht eher hielten sie in ihrem Laufe inne, bis sie in La Oliva ankamen.

Da beschloß der Aufseher Pedro, der ein mutiger Mann war, in der nächsten Nacht selbst diesem Spuk ein Ende zu machen. Eine flammende Ansprache hielt er an seine Cuadrilla. Dann verteilte er die Knüppel und Steinschloßflinten der flüchtigen Bauernburschen. Eine erhielt Paco, der Sohn Tío Negríns.

Kurz vor Einbruch der Dunkelheit setzten sie sich in Marsch und legten sich unweit der Mühle in den Hinterhalt.

Ein paar Stunden warteten sie so. Auf einmal schien es, als ob sich von einer der umstehenden Garben ein

Schatten löste, der geduckt auf die Mühle zuschlich. Im nächsten Augenblick flammte der Feuerschein auf und begann seinen kreisenden Tanz.

»A ellas!« Los auf sie!, schrie der Aufseher, und schon stürzten seine Getreuen mutig auf die Mühle zu, die Hexen zu fangen. Dabei stolperte Paco über einen Feldstein und schlug hin. Mit furchtbarem Krach ging seine Flinte los. Gleichzeitig sank drüben der Feuerschein zu Boden.

Da waren die anderen auch schon heran. Vor ihnen, durchs Herz geschossen, lag Tío Negrín in seiner weiten Kapotte, die einem Hexenmantel glich. Neben ihm brannte die Fackel aus, die seinen Händen entfallen war.

Paco erbte das Kamel seines Vaters. Und nicht nur das Kamel, auch den Tragsattel, die Kapotte und die »Montera«.

Seit dieser Zeit glaubt in ganz Fuerteventura niemand mehr an Hexen. Nur in den fruchtspendenden Jahren singt man heute noch auf den Dreschplätzen am abendlichen Lagerfeuer das kleine Spottlied:

»Wer vor Hexen sich fürchtet,
Geh' zur Mühle mal hin,
Nur eine gab's dort,
Das war Tío Negrín.«

KRAWALL IN LA ANTIGUA

~ o ⌣

Ein Segler hatte uns nach Puerto de Cabras gebracht. Da standen wir nun am morgendlichen Hafen, meine Frau und ich, und überlegten, wie wir am besten nach La Antigua kämen, das auf langgestreckter Hochebene inmitten der Insel Fuerteventura liegt.

»Natürlich reiten«, meinte Lotte, »ein paar Maultiere werden wir bald auftreiben.«

Da kam auch schon ein Mann auf einem kleinen, silbergrauen Eselchen herangesprengt. Kurz vor uns ließ er sich herabgleiten, zog grüßend den breitrandigen Sombrero und bot seine Dienste an.

Während Lotte den Esel kraulte, und ich mich mit seinem Besitzer über den Weg, die Sehenswürdigkeiten und nicht zuletzt den Preis unterhielt, bog um die Ecke ein braungebrannter Majorate, wie man die Bewohner dieses Teils der Insel nennt. Hinter sich her zog er an verrosteter Kette ein hochbeiniges Kamel, das ihm willig folgte.

Neben dem Eseltreiber hielt er an und hörte eine Weile schweigend unserem Gespräch zu. Dann schüttelte er mißbilligend den Kopf über den Unverstand des »Misters«, der drauf und dran war, einen Esel zu mieten.

»Euer Gnaden scheint noch nicht lange in diesem Lande zu sein«, meinte er mit leichtem Bedauern in der

Stimme, »und daher den Unterschied zwischen einem Esel und einem Kamel nicht zu kennen. Und doch springt er sozusagen in die Augen. Ein Blick auf meine treue Mifalla genügt, um die letzten Bedenken zu verscheuchen. Es ist das beste Kamel, das es im ganzen Umkreis gibt, und das einzige, das einen englischen Reitsattel hat. Auf der linken Seite sitzt Euer Gnaden, auf der rechten die ›Señorita‹. Ich selbst schwinge mich zwischen die Höcker. Und hier, der eiserne Ring ist zum Festhalten, wenn das Tierchen aufsteht und zu schaukeln beginnt. Es läuft, ganz wie Euer Gnaden es wünscht. Ich brauche ihm nur tüchtig eins mit dem Knüppel überzuziehen, und schon fegt es dahin wie der Sturmwind, wenn der Boden trocken ist. Ist er aber naß, dann rutscht es aus und schlägt hin. Rufe ich: ›reee, reee!‹, dann geht es im Schritt. Schreie ich aber: ›tuche!‹, dann kniet es nieder und wirft sich hin. Sobald Euer Gnaden im Sattel sitzt, erhebt es sich unter freudigem Brüllen, und die Reise kann beginnen. Dabei ist es so stark wie Samson, auch wenn es kleine Mäuseohren hat.

Was ist dagegen so ein jämmerlicher Esel!« fuhr er fort und deutete mitleidig auf das Grautier. »Erstens braucht Euer Gnaden drei, zweitens schleift der Reiter seine Füße auf dem Boden und stößt sich an den spitzen Feldsteinen. Dazu kommt das ewige Schreien des Treibers, denn ohne Schreien und Schläge läuft er nicht. Auch muß man ihm dauernd mit dem spitzen Stecken in den Hintern stoßen, sonst bleibt er stehen. Vergißt Euer Gnaden aber, die Beine zu bewegen und ihn mit den Hacken am Bauch zu kitzeln, geht er keinen Schritt mehr weiter.«

Der Majorate hatte mich überzeugt. Wir mieteten das Kamel . . .

Gegen Mittag kam La Antigua in Sicht. Heiß brannte die Sonne auf der einförmigen Hochebene, und wir waren froh, als unser Majorate seine treue Mifalla an dem Gitterfenster einer Posada festband.

»Wasser!« stöhnte ich, als wir uns an dem roh gezimmerten Tisch niederließen; »Wasser!«

Nach langem Händeklatschen kroch endlich der schmutzige Wirt hinter einem Verschlag hervor, wo er Siesta gehalten hatte.

»Wasser?« Der Majorate sah mich an, als ob ich vollends den Verstand verloren hätte. Wer in La Antigua trank jemals Wasser! Einen Brunnen gab es zwar, doch das Wasser fürs Vieh mußte vom Rio Palmas geholt werden, denn im »Pozo verde«, wie er hieß, wimmelte es von winzigen Blutegeln. In der Kehle bissen sie sich fest und saugten, bis man verblutete. San José! Alles, nur kein Wasser! Für den Durst gab es kühlen Most aus den Hügeln von Jandia in großen Tonkrügen. »Und«, schloß unser braver Kameltreiber, »wenn Euer Gnaden einen bestellt, will ich eine Geschichte erzählen, die sich hier vor vielen Jahren zutrug.«

»Die Leute von La Antigua sind einträchtig und friedliebend«, begann der Majorate. »Nur am Sankt-Andreas-Tage, wenn der Wein in Strömen fließt, tragen sie ihre kleinen Händel untereinander aus. Dem und jenem wird die Nase eingeschlagen, einer bringt ein paar Zähne weniger nach Hause, manchmal setzt es ein Loch in einen der harten Bauernschädel. Doch dann herrscht fürs ganze Jahr wieder Ruhe bis zum nächsten Andreas-Tag.

Als mein Großvater noch ein junger Bursche war«, fuhr er fort, nachdem er sich mit einem kräftigen Schluck gestärkt hatte, »tauchte eines Tages ein Fremder in La Antigua auf. Dabei wäre nichts Absonderliches gewesen, doch im Dorfe hatte man seit Menschengedenken keinen Fremden mehr gesehen, und so erregte er allenthalben Aufmerksamkeit. Er mochte fünfundzwanzig Jahre zählen, trug sich auffällig, und da er eine offene Tasche hatte und es ihm auf ein paar Krüge Wein mehr oder weniger nicht ankam, machte er sich schnell bei den jungen Burschen beliebt. Auch die Schönen von La Antigua liefen ihm nach, denn der Fremde dünkte ihnen etwas Besonderes. Allabendlich saß er im Wirtshaus, erzählte den aufhorchenden Bauern saftige Witze und hänselte die Bürger.

Er stammte von der Insel La Palma, wie er sagte, aus Garafía und hörte auf den Namen Baldomero. Warum er nach Fuerteventura gekommen und was ihn hier festhielt, darüber schwieg er sich zunächst aus.

Doch allmählich ließ er durchblicken, was dem Dorfe die Ehre seines Besuches verschafft hatte; die neue Schulzenwahl stand vor der Tür, und der Fremde wollte nichts mehr und nichts weniger als Alkalde von La Antigua werden.

Zunächst waren die Dörfler verblüfft. Dann bildeten sich zwei Parteien: eine, die zu Baldomero, und eine, die zu Don Eustaquio hielt.

Don Eustaquio war Weinhändler und besaß die größte Bodega im ganzen Umkreis. Ein kleines, dickes, leutseliges Männchen, das mit allen auskam, hatte ihn der Vorstand der Bürgerschaft und die hohe Geistlichkeit, die der Dorfpfarrer Don Francisco verkörperte, als neuen Alkalden ausersehen. Für niemanden war es zweifelhaft, daß er gewählt werden würde, bis der Fremde mit seinem Ansinnen herausrückte.

Nun gab es täglich in den Wirtshäusern erregte Debatten. Bürger und Strenggläubige schrieen: »Hie Don Eustaquio!« Die Unzufriedenen und die Halbstarken waren auf Seiten Baldomeros.

So rückte der Sankt-Andreas-Tag heran . . .

Wie immer wurde das Fest mit einer Messe eröffnet, der eine heilige Prozession folgte. Unter den Angesehensten des Dorfes schritt der Fremde, eine feuerfarbene Dahlie im Knopfloch, die aller Blicke auf sich zog. Vieldeutig lächelnd grüßte er nach rechts und links.

Zu jener Zeit bestand in La Antigua die löbliche Sitte, nach dem Umgang die geräumigen Bodegas zu öffnen und jedem, dem danach gelüstete, einen Freitrunk zu gewähren. Kein Wunder, daß aus der ganzen Umgebung trinkfeste Leute herbeiströmten, den Dorfbewohnern zu helfen, einen gehörigen Schluck zu tun, der niemanden etwas kostete.

Sankt Andreas war kaum in seine Nische zurückgekehrt, als die durstigen Gläubigen sich nach den Weinkellern aufmachten, und Baldomero steuerte mit seinen Anhängern geradewegs zur Bodega Don Eustaquios.

Der schlaue Don Eustaquio war auf den Besuch des Fremden vorbereitet. Hinter den hohen Weinfässern versteckt, warteten seine Freunde, ihm notfalls beizuspringen. Knüppel und Ochsenziemer lagen bereit, den abtrünnigen Söhnen des Dorfes neue Heimatliebe einzubleuen.

Freundlich begrüßten sich die beiden Widersacher. Jeder suchte die Gedanken des anderen zu erraten. Baldomero fühlte sich seines Sieges sicher. Er wußte, wer die Lacher auf seiner Seite hatte, gewann. Und darauf gründete er seinen Plan: es würde ihm leicht sein, den Dreikäsehoch lächerlich zu machen.

Angenehm rann ihm der junge Most durch die Kehle. Na, wenn er erst einmal Alkalde war, dann sollte es auch nicht lange dauern, bis er eine Bodega sein Eigen nannte. Er kam immer mehr in Stimmung, seine Anhänger wurden immer lustiger, begannen Don Eustaquio zu hänseln und ließen Baldomero, ihren neuen Alkalden, leben. Der Weinhändler tat, als ob er nichts von allem hörte und schenkte immer wieder die Krüge voll. Bald war das erste Halbstück geleert.

Jetzt hielt Baldomero den Zeitpunkt für gekommen. Schwankend erkletterte er ein Faß, um eine Rede zu halten. Doch über den ersten Satz kam er nicht hinweg. Er hatte den friedlichen Don Eustaquio ›Medio Metro!« genannt.

›Medio Metro! Halber Meter!‹ Das war eine geradezu ketzerische Lästerung! Was konnte der brave Weinhändler dafür, daß ihn Gott so klein erschaffen hatte? Nein, was zu viel war, war zu viel! Die Freunde Don Eustaquios hielt es nicht mehr in ihrem Versteck. Hinter den Fässern stürzten sie hervor, den Frevler und seine Anhänger zu züchtigen.

Und so denkwürdig waren die Hiebe, die die ungetreuen Söhne des Dorfes bezogen, daß man heute noch auf der ganzen Insel von jenem Sankt-Andreas-Tage spricht, der die Einmütigkeit in La Antigua wiederherstellte.

Am schlechtesten dabei kam der neunmalkluge Baldomero weg. Nachdem die Krakeeler geflüchtet waren, ergriffen sie ihn, und Don Eustaquio holte einen biegsamen Haselnußstecken hervor. Dann begann das Strafgericht. Sie legten ihn über eine Daube und bei jedem Hieb schrie der erboste Weinhändler: ›Medio Metro! Medio Metro!‹

Als Don Eustaquio endlich der Arm erlahmte, sperrten sie den Friedensstörer in ein leeres Faß. Noch in derselben Nacht schaffte man es nach Puerto de Cabras und verlud es auf den Segler, der am Morgen nach La Palma ging.

Don Eustaquio wurde einstimmig zum Dorfschulzen von La Antigua gewählt. Doch den Spitznamen behielt er. Bis an sein Lebensende nannten ihn die Dörfler unter sich: ›Medio Metro!‹«

VI.

Lanzarote,
die Sandige Insel

Das Gottesgericht

⌒ ° ⌣

Todesschweigen herrschte in der gewölbten, siebenräumigen Höhle der Könige, in deren Ehegemach Guanareme, der Fürst der Insel Tite-roy-gatra —wie die
Guanchen Lanzarote nannten—, seinen letzten Schlaf
schlief. Eine geheimnisvolle Krankheit hatte ihn im besten Mannesalter dahingerafft: es war, als ob sich der Leib
des Herrschers von innen heraus verzehrte. Zusehends
fiel sein Fleisch zusammen, schnell magerte er ab, spitz
und eckig traten die Backenknochen hervor, aus tiefen
Höhlen blickten stumpf die einst so leuchtenden Königsaugen, die nun für immer geschlossen waren.

Und Trauer schwang über der Insel Tite-roy-gatra.
Doch was war sie gegen den Kummer der jungen Königin
Ico, die ihren Gemahl schwärmerisch geliebt hatte! Kurz
war ihr Glück gewesen und triebmäßig ahnte sie, daß ihr
Schweres bevorstand. Es gab da ein Geheimnis, das ihre
Mutter Faina mit ins Grab genommen hatte und das nie-
mand mehr lösen konnte. Jetzt würde das Volk aufstehen
und Rechenschaft von ihr fordern.

Nicht für sich fürchtete sie oder für ihre Zukunft. Ohne ihn, den Strahlenden, hatte das Leben für sie keinen Sinn mehr. Doch erhalten mußte sie es um jeden Preis für ihren Sohn, den kleinen Guardafía, der unschuldsvoll mit runden Kieseln vor dem Eingang der Höhle spielte und nichts wußte vom Tode des Vaters und dem Furchtbaren, das über ihrem Haupte schwebte.

Noch keine Woche war seit der feierlichen Beisetzung Guanaremes vergangen, als der Rat der Edlen zusammentrat. Da saßen sie nun in tiefem Nachdenken versunken auf den viereckig behauenen Steinen, die im Halbkreis um den leeren Königssitz standen. Nicht leicht war es, den Wahrspruch zu fällen, der über die Folge des Herrschers entschied. Nach Recht und Überlieferung gab es keinen Zweifel: der junge Guardafía war der Erbe des Throns, und Königin Ico würde die Regentschaft führen bis zu seiner Großjährigkeit. Aber das gerade war es ja, was gegen das heiligste Gesetz verstieß, wenn das Gerücht zutraf, das im Volk umging. Unbestreitbar waren die immer wieder vorgebrachten Tatsachen, unbeweisbar die Schuld, die keine Zeugen hatte.

Immer mehr erregten sich die Gemüter der Edlen. Meinungen und Gegenmeinungen wurden ausgetauscht, eine Abstimmung vorgeschlagen und wieder verworfen. Wer wollte es wagen, den Zorn des Gottes Guayaxares auf sich zu laden, wenn er durch seine Stimme das unmündige Kind der Erbschaft beraubte oder einem Fremden auf den Thron half, der nicht ihres Blutes war? Denn heiliger als Ehre und Leben galt den Guanchen das Blut, das sie seit ewig verband.

Uga war es, die alte Amme, die die Edlen ausersehen hatten, ihrer Herrin den Entscheid zu bringen, den sie nach langer Beratung gefällt. Schreckensbleich hörte sie die Worte des Sprechers, die wie aus weiter Ferne an ihr Ohr drangen. Dann schritt sie langsam, gesenkten Hauptes zu der gewölbten, siebenräumigen Grotte, Königin Ico den Beschluß des Rates zu melden.

Uga erinnerte sich noch genau jener Zeit, die jetzt wieder aus dem Dunkel der Vergangenheit auftauchte. Muscheln hatte sie gesucht am Strande, für ihre Herrin Faina eine Kette zu formen, die den schlanken Hals der Gemahlin König Gonzamas zieren sollte. Da sahen ihre Augen als erste das unbekannte Etwas, das wie eine Möve übers Wasser lief und sich mehr und mehr vergrößerte. Ein weißes, schwimmendes Haus war es, das da über die Wellen herantanzte und sich mit Windeseile der Küste näherte. Schon ertönten die Muschelhörner der Wächter, und König Gonzama selbst eilte an der Spitze von dreihundert Kriegern herbei, das Wunderbare zu schauen.

In der stillen Bucht blieb es halten. Männer in seltsamer Kleidung wurden auf seinem Dach sichtbar, Stimmen drangen herüber. Ein ausgehöhlter Baumstamm glitt ins Wasser, den die Fremden mit langen Stangen dem Ufer zustießen. An der Spitze stand ein Mann in blitzendem Huruy (Überwurf) aus unbekanntem Stoff, in dem sich die Strahlen der göttlichen Sonne spiegelten. Kein Zweifel: ein König mußte es sein aus einem fernen Lande.

Gewandt sprang er ans Ufer mit einem seltsamen Klirren gleich losem Steinschlag und trat auf König Gonzama zu, der ihn freundschaftlich umarmte, wie es einem edlen

Gaste zukam. Sie sah ihn vor sich, als ob es gestern gewesen wäre: groß und schlank war der Fremde, stolz und kühn blickten seine Augen, der schmale Kopf, die scharf gebogene Nase gaben ihm das Aussehen eines Seeadlers.

Unverständlich klangen alle die Worte, die er seinen Vasallen zurief, als sich der Zug zur Königshütte in Bewegung setzte. Nur durch Zeichen konnte man notdürftig die Wünsche dieser Männer erraten.

Mehr als zwanzig Sonnen blieb der Fremde auf Titeroy-gatra als Ehrengast König Gonzamas und seiner liebreizenden Gemahlin Faina. Dann bestieg er sein schwimmendes Haus und verschwand, wie er gekommen, in unbekannte Ferne.

Und genau neun Monate nach seinem Weggang gebar ihre Herrin die kleine Ico. Kurz nach der Entbindung raffte sie der Tod dahin, und Uga zog die Prinzessin groß.

Schon damals begann das Volk zu murmeln, doch das Gerücht drang nicht bis zu den Ohren des Königs. Und als Ico, zur Jungfrau erblüht, dem edlen Guanareme die Hand reichte, verstummten die Anklagen.

Nun waren sie neu erstanden. Wenn es auf Wahrheit beruhte, was man der Mutter Icos nachsagte, dann rollte in den Adern des kleinen Guardafía das Blut des Fremden. Und nie durfte fremdes Blut die Herrschaft führen über die reinen, edelgeborenen Söhne der Insel! So lautete das göttliche Gesetz, das Guayaxares selbst durch den Mund seiner Priester verkündet hatte . . .

Es dunkelte schon, als die treue Uga vor der Höhle ankam. Sie mußte ihre Herrin retten, die sie abgöttisch liebte, und damit dem kleinen Guardafía sein königliches

Erbe erhalten. Ico war wie ihr Kind, mit ihrer Milch hatte sie es genährt: den Tod der Herrin würde sie nicht überleben.

Zögernd trat sie ein. Unheimlich klang das Flüstern ihrer Stimme in der hohen Grotte, als sie der geliebten Königin den unumstößlichen Beschluß des Rates kundtat.

Mit einem Aufschrei brach Ico ohnmächtig zusammen.

Die ganze Nacht lag Uga schlaflos. Wilde Pläne wälzte sie in ihrem Hirn. Es müßte ein Mittel geben, das Schreckliche von dem Königshause abzuwenden. Der Zwiespalt in ihrer Seele würgte sie, daß sie zu ersticken meinte. Da war ihre schöne Herrin, die für die Schuld der Mutter büßen sollte, da war der kleine Guardafía, der sie mit den strahlenden Augen seines Vaters ansah, und dort stand drohend der allmächtige Gott Guayaxares mit dem Richtschwert, das Urteil zu fällen, das die Guanchen nicht auszusprechen wagten.

Guayaxares ... Oft hatte sie zu ihm gebetet, ihm Trank- und Speiseopfer im Heiligtum am Fuße des brennenden Berges dargebracht. Er hatte ihr Volk beschützt von Urbeginn und würde es weiter beschützen, solange die Guanchen sein Gesetz befolgten. Stets sah sie in ihm den gerechten Herrscher der Welt, der der leuchtenden Sonne befahl und dem silberglänzenden Mond, doch heute erschien er ihr als blindwütiger Rächer.

Vergebens zermarterte sie ihren Kopf und versuchte, sich die kleinsten Geschehnisse jener fernen Zeit ins Gedächtnis zurückzurufen, die der Fremde auf Tite-roy-gatra verbrachte. Gab es eine Schuld Fainas? Sie glaubte daran, sie verwarf sie: wie ein wirbelnder Kreisel jagte die Antwort bejahend und verneinend durch ihr Hirn.

Plötzlich kam eine große Ruhe über sie. Niemand unter den Sterblichen konnte je das Geheimnis lösen, und deshalb hatte der Rat das Gottesgericht anberaumt: Guayaxares selbst sollte den Wahrspruch fällen.

Noch nie waren Menschen lebend der Höhle des Rauches entstiegen, in der der Gott Recht sprach. Denn also lautete der Beschluß der Edlen: drei Tage sollte Ico in der engen Grotte verbringen, drei Tage die Rauchschwaden einatmen, die ein wohlgenährtes Feuer aus unterirdischer Kammer schwelend emporsteigen ließ. Erhielt sie der Gott am Leben, dann war ihr Blut rein. Dann sollte sie herrschen über die Insel, bis ihr Sohn mündig war.

Ein listiges Lächeln huschte über das Gesicht Ugas. Hatte ihr Guayaxares selbst den Gedanken eingegeben oder der Dämon?

Der Morgen graute bereits, als sie in tiefen, traumlosen Schlaf fiel.

Muschelhörner erschallen, dumpf tönen Trommeln, vor der Königshöhle drängt sich das Volk.

Da tritt Ico heraus. Majestätisch gleitet ihr Blick über die Menge, die sich tief verneigt. Lang wallt ihr Festgewand zur Erde herab. Würdevoll schreitet sie durch die Gasse, die sich vor ihr auftut.

Weit ist der Weg zur Grotte des Rauches, doch kurz scheint er allen, die sie begleiten. Immer wieder streifen die Augen der Vasallen das bleiche Antlitz der Königin, die unbeirrt den Pfad des Todes geht. Denn alle glauben an die Schuld der Mutter, und wer wollte der Rache des Gottes entrinnen, dessen heiligstes Gebot sie verletzt?

Der Ort des Gerichtes ist erreicht. Noch einmal wendet sich Ico um. Ihre Augen nehmen Abschied vom Volk. Dann tritt sie in die Grotte, gefolgt von drei Dienerinnen, die ihre Herrin in den Tod begleiten. Steine werden vor den Eingang gewälzt.

Die Priester betreten den Gang, der zur unterirdischen Kammer führt. Eine Fackel entzündet die trockenen Reisigbündel. Nach oben steigt der giftige Rauch und füllt die Höhle, dann quillt er durch die Felsspalten ins Freie. Der ganze Berg scheint zu brennen.

Tag und Nacht wird das Feuer genährt. Zweimal schon ist die Sonne ins Meer versunken. Als sie sich zum dritten Male erhebt, reißen hurtige Hände die Steine beiseite und legen den Eingang frei.

Tot ruhen die Dienerinnen zu Füßen ihrer Herrin. Aufrecht und stolz steht Ico. Taumelnd tritt sie ins Freie, doch schnell hat sie sich gefaßt. Hoheitsvoll schaut sie über die Menge, die ihr zujubelt. Auf den Schultern der Edlen tritt sie den Weg durch die vor Freude weinenden Vasallen zur Königshöhle an.

Dort ist es mit ihrer Beherrschung zu Ende. Aufschluchzend sinkt sie der treuen Uga an die Brust, die ihr das Leben rettete. Auf den Rat ihrer Amme hat sie, unter dem Festgewand verborgen, drei wassergefüllte Schwämme mitgenommen, in die sie während der ganzen Zeit hineinatmete. Die Treue der Dienerin hat über Guayaxares gesiegt.

Von draußen aber tönen die donnernden Rufe des Volkes an die Ohren der beiden Frauen, die sich eng umschlungen halten: »Lang lebe unsere Königin Ico! Lang lebe Ico, die Reine!«

Jahre vergingen. Auf dem Thron von Tite-roy-gatra saß König Guardafía. Einwandfrei bewiesen für alle Guanchen war die Unschuld Fainas. Ico und die alte Uga hatten ihr Geheimnis mit ins Grab genommen. Und dennoch sollte die Zeit die Wahrheit enthüllen, die Zeit, die das Richtschwert der Götter ist und alle Menschenlist überdauert.

Gerecht und weise regierte der König sein Volk wie der Edelsten einer. Da kam der Feind übers Meer. Normannen waren es, die eine Zwingburg auf der Insel errichteten. Guardafía glaubte den falschen Versprechungen der Fremden und ergab sich kampflos, wie kein reiner Guanche jemals getan. Knechtschaft und Elend war das Los seiner Vasallen. Die Sünde wider das Blut fand ihre schreckliche Sühne im Untergang des ganzen Volkes: Guayaxares hatte sein Urteil gefällt.

KIRCHWEIH IN HARIA

⌢ ° ⌣

In einer lieblichen, rings von Bergen umgebenen Mul-
de, in der stolze Königspalmen neben ausladenden Obst-
bäumen stehen, deren Früchte auf der ganzen Insel beliebt
sind, liegt das schmucke Dörfchen Haría. Seine Patronin
ist die Heilige Gottesmutter selbst, die es unter ihren be-
sonderen Schutz genommen hat: denn in der schmalen
Schlucht, die das Tal durchzieht, ließ sie die Suchenden
Wasser finden. Dort liegt ein tiefer Brunnen neben dem
anderen, und den ganzen Tag über hört man das Ächzen
und Knarren der hohen, hölzernen Schöpfräder.

Aber nicht nur das vortreffliche Obst und die feuch-
te, segenspendende Gottesgabe sind es, die den Namen
Haría auf Lanzarote einen wohllauten Klang geben, nein:
einmal im Jahre tritt das Dörfchen aus seiner Bescheiden-
heit heraus und erhebt sich strahlend über alle anderen.
Das ist im März, am Ehrentage der Jungfrau, da das göttliche Wort in ihrem heiligen Leibe Mensch wurde.

Weithin sichtbare Staubwolken künden schon am
Vorabend das Eintreffen der Gläubigen, die auf Eseln,
Kamelen und Ochsenkarren dem Dörfchen Haría zustre-
ben. Trupps von Fußgängern nähern sich von allen Seiten. Meist sind es Hirten und junge Bauernburschen, die
keine Reittiere besitzen. In sauber gewaschenen Leinen-

hosen und bunten Hemden kommen sie daher, den breit-randigen Strohhut keck auf dem dunkellockigen Kopf. Stolz trägt jeder an einem Band über der Schulter sei-ne Lederschuhe, die er am Eingang des Dorfes über die nackten Füße zieht. Unternehmungslustig blitzen die jungendfrischen Augen: weniger die Himmlische Jung-frau ist es, die sie so hurtig ausschreiten läßt, als die irdi-schen Töchter der Dörfler, die sie bald in frohem Tanze schwenken werden, denn an das heilige Fest schließt sich die zweitägige Kirchweih.

Auch von der Nachbarinsel Fuerteventura legte jedes Jahr ein Segler mit Festteilnehmern in dem kleinen Hafen von Arrieta an, denn Dampfschiffe gab es zu jener Zeit noch nicht. Unter ihnen befand sich diesmal der junge Pio, der Sohn eines reichen Weinhändlers aus Puerto de Cabras. Die anderen hätten ihn lieber nicht mitgehabt, denn der Pio war ein Windhund, steckte voll loser Strei-che und lief den Mädchen nach. Dabei dünkte er sich mehr als alle anderen, und oft hatte der Vater in den pral-len Geldbeutel greifen müssen, um die Dummheiten sei-nes Sohnes zu vergolden.

Die Überfahrt ließ sich für den Pio wie ein schlim-mes Vorzeichen an. Ein scharfer Wind zwang den Seg-ler dauernd zu kreuzen, weiße Schaumwogen tanzten auf der graugrün heranrollenden See, und reichlich opferte er den Tribut, den Poseidon von jeher allen abforderte, die sich zum erstenmal auf das breitwogige Meer wagten.

Kleinlaut stieg der Pio im Hafen von Arrieta an Land. Vor seinen Augen schien sich die Insel zu drehen, der Boden, auf dem er stand, zu schwanken. Vieldeutig sahen sich seine Reisegefährten an: die dummen Streiche mochten dem Pio vergangen sein. Doch sie sollten sich täuschen. Zwar benahm er sich am Ehrentage der Jungfrau, wie es einem Gast von Haría geziemte, denn noch dauerte sein Katzenjammer an. Als er aber am nächsten Morgen vom Wecken der Dorfmusik erwachte, war sein Wohlbefinden und damit der alte Übermut zurückgekehrt.

Er überdachte den gestrigen Tag: die heilige Frühmesse, die Prozession, die nicht enden wollte, das abendliche Feuerwerk. Ja, und da war ja auch Corina, die hübsche, schlank gewachsene Tochter des Alkalden Esteban, des alten Trottels, der neben dem Cura unter dem Baldachin schritt, als wäre er der Padischah von Persien.

Corina ... langsam sprach er den Namen vor sich hin. Er hatte niemanden zu fragen brauchen, wer das Mädchen war. Denn als die Lade mit der Jungfrau aus der Kapelle schwankte, sang sie als erste eine Saeta, einen Stoßgesang:

»Heil'ge Mutter Gottes,
Die Tochter des Alkalden,
Bringt dir heut' ein Salve
Zu deinem Ehrentag ...«

Und trotz des mangelhaften Reimes hatten die Bauern um ihn her geflüstert: »Keine macht so schöne Verse wie Corina.«

Schnell sprang er aus dem Bett, kleidete sich an und mischte sich unter die Dörfler.

Programmäßig rollte die Festfolge ab: Eselreiten, Preisklettern an glatten Masten und die üblichen Kanarischen

Spiele, bei denen die jungen Burschen ihre Kraft und Gewandtheit zeigten. Das Hauptvergnügen für jung und alt aber bildete das Kamelrennen, das quer durchs ganze Dorf ging. Und nicht nur für die Bewohner von Haría, auch für den Pio, denn endlich hatten seine scharfen Augen Corina entdeckt. Drüben stand sie neben ihrem Vater am Ziel, um die Preise zu verteilen: kleine Lorbeerkränze, die auf einem weißgedeckten Tisch lagen.

Und schon jagte die erste Kavalkade heran. Auf dem holprigen Pflaster klang es, als wenn ein Steinhagel durchs Dorf prasselte. Wie Meeresbrausen tönten die anfeuernden Rufe der Menge, die die Straße säumte. Eben bogen die Reiter im langgestreckten Galopp um die letzte Ecke.

Allen voran, mit aufgerissenem Maul, aus dem Kopf springenden Augen und fliegender Zottelmähne, raste ein rotbraunes Dromedar, auf dessen Rücken ein junger Bursche saß, dem das Siegerlächeln im Gesicht geschrieben stand. Es war Fernando, der Sohn des Friedensrichters und Verlobter der schönen Corina.

Lautes Beifallsklatschen und gellende Viva-Rufe belohnten den schneidigen Reiter. Nur der Pio stand unbeweglich und starrte gelb vor Neid und Eifersucht hinüber, als die Tochter des Alkalden errötend dem vor ihr Knienden den Lorbeerkranz aufs Haupt drückte.

Rennen auf Rennen folgte, immer mehr begeisterte sich die Menge. Nur die Augen des Pio hatten keinen Blick für das aufregende Schauspiel, unausgesetzt beschäftigten sich seine Gedanken mit Corina. Bald kehrte sein Selbstvertrauen zurück. Bah! Ganz andere hatte er herumgekriegt als dieses Dorfmädel! Es würde sich für ihn schon noch die

Gelegenheit bieten, Fernando, diesen »Conejero«, diesen »Karnickeljäger« auszustechen, wie man in Fuerteventura spöttisch die Leute von der Nachbarinsel nannte.

Am Abend fand auf dem Tanzplatz ein Festessen statt. Lange, blumengeschmückte Tafeln waren aufgestellt, in den Ästen der hohen Eukalyptusbäume hingen bunte Papierlaternen wie leuchtende Nester. Girlanden zogen sich um das weite Rund.

Die auswärtigen Gäste saßen an dem Ehrentisch, dem der Alkalde präsidierte, unter ihnen der Pio. Er hatte seinen Platz gegenüber von Corina gewählt, um sie im Auge zu haben und ihre Aufmerksamkeit auf sich lenken zu können. Neben ihr saß der siegreiche »Karnickeljäger«, der zu Pios Ärger immer noch den Lorbeerkranz auf dem Kopf trug und bei jeder Gelegenheit die Hand seiner Braut streichelte.

Doch Pio ließ sich nichts anmerken. Bald hatte er den Alkalden in ein Gespräch verwickelt, laut und prahlerisch erzählte er von dem Reichtum seines Vaters. Die Weinberge sollte Don Esteban einmal sehen! Soweit das Auge reichte, alles gehörte dem »Alten«, und er war der einzige Erbe! Verträge mit England für die gesamte Ernte liefen auf Jahre hinaus, und eigene Dreimaster durchfurchten die Meere nach allen Himmelsrichtungen.

Zwischen jeder Redewendung trank Pio dem Alkalden zu. Das gehörte mit zu seinem Plan. Lange würde der einfältige Trottel nicht standhalten. Dabei beobachtete er unausgesetzt Corina, die schon geraume Zeit seinen Worten folgte, während Fernando immer unruhiger wurde und seine Braut abzulenken suchte.

Das Festmahl war zu Ende, die Alten blieben beim Wein sitzen, lustige Weisen der Dorfmusik lockten die Jugend zum Tanze.

Günstiger konnte es sich für den Pio nicht treffen. Don Estebans Kopf war von dem schweren Wein auf die Brust gesunken: das wachende Auge des Vaters würde ihn nicht stören. Und was das Mädchen betraf? Zweimal hatte sie ihm zugelächelt und das war ein gutes Zeichen. Er wußte schon, wie er sie nehmen mußte. Sein Glück kam ihm dabei zu Hilfe, denn bei der Kirchweih von Haría gab es ein ungeschriebenes Gesetz, dem sich niemand entziehen durfte. Trat nämlich ein Bursche an ein tanzendes Paar heran, klatschte in die Hände und rief: »Aire!« (Luft!), dann mußte der Tänzer abtreten und ihm das Mädchen für eine Runde überlassen.

Diese Sitte, die dem Pio der löblichsten eine schien, nutzte er weidlich aus. Denn kaum hatte Fernando die schöne Corina ein paar Takte herumgeschwenkt, da ertönte auch schon sein: »Aire!«. Lächelnd verbeugte er sich vor dem Mädchen und schwebte mit ihr davon.

Tanzen konnte der Pio, und seine Zunge hatte er auch auf dem rechten Fleck. Von Runde zu Runde merkte er, wie das Mädchen wärmer wurde. Höhnisch streifte sein Blick den vor Wut zitternden Fernando, der gute Miene zum bösen Spiel machen mußte.

Der Pio fühlte sich bereits als Sieger: nur noch ein paar Tänze und die schöne Corina war so weit, mit ihm in den dunklen Laubgängen zu verschwinden, die vom Festplatz geradenwegs in den Himmel führten.

Da geschah etwas, was seine Hoffnungen mit einem Schlage zunichte machte. Gerade als sie sich an der Ehrentafel vorbei drehten, verlor der schlafende Don Esteban das Gleichgewicht und fiel vom Stuhle. Ein Schreckensruf entfuhr der Kehle Corinas, das Idyll war aus.

Schnell sprangen der Pio und die Umstehenden hinzu, hoben den Alkalden auf seinen Sitz und trugen ihn gemeinsam nach dem nahen Hause. Weinend folgte Corina dem Zug am Arme Fernandos . . .

Sinnend saß der Pio unter einer Erle, gedämpft klang die Musik vom Tanzplatz herüber. In seinem Innern wälzte er einen neuen Plan. Jetzt wußte er also, wo der Alkalde wohnte und das Mädchen schlief: das kleine Fenster an der Schmalseite des Hauses führte in ihre Kammer. Von dem Kanonenrausch würde der Alte vor morgen Mittag nicht erwachen.

Eine Stunde wartete er, dann machte er sich erneut auf den Weg. Vorsichtig vermied er die Hauptstraße, schlich sich um die Kapelle herum und stand bald vor dem halbgeöffneten Fenster Corinas. Er lauschte: die regelmäßigen Atemzüge des Mädchens zeigten ihm an, daß sie in tiefem Schlaf lag. Geräuschlos zog er sich am Sims empor: sie durfte nicht eher erwachen, bis er den Arm um sie legte.

Leise stieß er das Fenster auf. Schon hatte er das linke Knie auf der Brüstung, da fühlte er sich von hinten gepackt. Der verliebte Fernando war es, der den Schlummer seiner Braut bewachte. Mit einem Ruck riß er den Eindringling herunter, von drinnen tönte der Schreckensschrei des Mädchens, Leute vom Tanzplatz eilten herbei, Tumult entstand . . . Und wenn der Büttel und ein paar verständige Bürger nicht gewesen wären, sie hätten den

Pio schlimm zugerichtet. So kam er mit einer gehörigen Tracht Prügel davon und wurde für den Rest der Nacht in den Schweinekoben des Alkalden gesperrt, vor dem der Nachtwächter mit eiserner Hellebarde Wache hielt.

Am Morgen trat im Hof des Dorfschulzen das Gericht unter dem Vorsitz Don Estebans, des Pfarrers und des Friedensrichters über den Pio zusammen. Einstimmig wurde er wegen »Entehrungsversuch einer hochwohllöblichen Jungfrau« —wie es im Richterspruch hieß—, dazu verurteilt, öffentlich gefedert zu werden, wie man es damals mit solchen Schelmen auf Lanzarote machte.

Noch ehe der Mittag kam, fand die Federung des Pio statt. Man zerrte ihn aus dem Schweinestall, riß ihm die Kleider vom Leibe, bestrich ihn mit dem klebrigen Saft der Tabaibapflanze und wälzte ihn in einem Haufen Hühnerfedern. Als dann am Abend der große Maskenzug stattfand, der die Kirchweih von Haría beendete, band man ihn auf einen Esel und »spazierte« ihn zur Belustigung von jung und alt durchs ganze Dorf.

Ein lächerlicher Anblick war es, wie der Pio da auf dem Grautier hing. »Er sieht aus wie ein Haselhuhn!« meinte der Sargtischler, der immer die besten Vergleiche bei der Hand hatte. Und wenn die Bewohner von Lanzarote von ihren Nachbarn »Karnickeljäger« genannt wurden, so hießen jene von jetzt ab bei ihnen »Haselhühner«.

Seit dieser Zeit aber blieb der Segler aus, der bislang die Gäste brachte, die von Fuerteventura zur Kirchweih nach Haría kamen.

Der Drache von Arrecife

~ o ~

Das größte Kirchenfest in Arrecife, der Hauptstadt der Insel Lanzarote, war von jeher Fronleichnam. Schon Wochen vorher konnte der aufmerksame Beobachter feststellen, daß ein besonderes Ereignis bevorstand. Die Häuser wurden frisch gestrichen, auf den überdachten, geschnitzten Holzbalkonen, wie sie im ganzen Archipel üblich sind, blühten farbenfreudig Geranien, Dahlien und betäubend duftender Jasmin.

Den dunkellockigen Kopf tief über die Arbeit gebeugt, saßen die Mädchen von morgens bis abends an den Fenstern und stickten kunstfertig Verzierungen in ihre Festgewänder. Junge Burschen flanierten leuchtenden Auges durch die Straßen, Scherzworte flogen herüber und hinüber, und bis spät in die Nacht summte kicherndes Geflüster durch die schmiedeeisernen Fenstergitter, die die Verliebten trennten.

Das Schönste an der Prozession für jung und alt war die »Tarrasca«, das Drachenbild, kurz »der Drache von Arrecife« genannt, der dem Festzug vorangetragen wurde. Mit aufgerissenem Maul, greulichem Schlangenleib und am Boden nachschleifendem Stachelschwanz kam er daher. Kinder umtanzten ihn mit gefüllten Obstkörben, und auf den Ruf des Sakristans: »Sauerkirschen für

179

den Drachen!« flogen ihm händevoll die rotleuchtenden Früchte in den Rachen.

Aus grauer Heidenzeit stammte die Sitte, die sich hier über die Jahrhunderte erhalten hatte, und wenn sie auch im Gegensatz zur Würde des hohen Feiertages stand, der Drache gehörte zum Aufzug wie die heilige Hostie selbst.

Große Aufregung herrschte in Arrecife. Eine Woche vor dem hohen Kirchentag war der Gemeindediener Florencio gestorben. Jeden Tag starben unzählige Menschen auf der ganzen Welt, und man merkte es nicht. Aber Florencio? Es war nicht auszudenken! Vierzig Jahre hatte er den Drachen der Prozession vorangetragen! Keiner wußte mit dem Untier zu tanzen wie er, sich nach rechts und links zu verneigen, komische Sprünge zu vollführen und sein Maul auf- und zuzuklappen. Wer würde heuer den Drachen machen? Wo war der Mann, der es Florencio gleichtat?

Besorgt blickten sich die Bürger an. Der Ruf Arrecifes stand auf dem Spiel. Alljährlich strömten hier die Bewohner Lanzarotes zusammen, sich an dem komischen Drachen zu ergötzen, ja, selbst buntbewimpelte Segler kamen von den Nachbarinseln und füllten den kleinen Hafen.

Auch der Geistliche des Ortes ging gedrückt einher und überlegte. Er war der Mann, der den Nachfolger Florencios zu bestimmen hatte. Wenn er so durch die Gassen schritt, fühlte er aller Blicke auf sich, doch niemand fragte, denn Don Justo wagten alle nur mit der größten Ehrerbietung zu begegnen.

Was ihn selbst anbetraf, so verabscheute er im tiefsten Inneren die heidnische Sitte. Aber was würde aus der Prozession werden, wenn der Drache fehlte? Und dann die schönen Sauerkirschen, die er mit dem Alkalden teilte! Im Bauch des Drachen hing ein großer Wäschekorb, und voriges Jahr war er so voll gewesen, daß der alte Florencio beinahe unter der Last zusammenbrach. Bis Weihnachten hatte er von der köstlichen Marmelade gehabt, die niemand so zu bereiten wußte wie seine Wirtschafterin.

So kam der Vorabend des großen Festes heran, und immer noch hatte er keine Wahl getroffen. Das Läuten der Vesperglocken ertönte, als seine frommen Gedanken wieder auf die morgige Prozession gelenkt wurden. Da kam ihm die Erleuchtung! Wozu hatte er den alten Antonio, seinen Glöckner? So rüstig wie der selige Florencio war er auch noch, und bei ihm konnte sich Don Justo darauf verlassen, daß er die Sauerkirschen richtig ablieferte.

Am Abend rief der Cura den Glöckner in die Sakristei. Kurz und bündig, wie es seine Art war, sagte er: »Du machst morgen den Drachen, und pass' gut auf die Kirschen auf!« Dann ging er ins Pfarrhaus hinüber. Für ihn war die Sache erledigt.

Nicht so für Antonio. Wie angewurzelt stand er lange an demselben Fleck: es wollte ihm nicht in den alten, grauhaarigen Kopf. Er sollte vor allem Volk den Popanz machen? Er, der Glöckner, der sein ganzes Leben lang dem Allerhöchsten mit frommem Geläut gedient? Er, ohne den ein richtiger Gottesdienst überhaupt unmöglich war? Was aber vermochte er gegen den Befehl Don

Justos? Nein, mit ihm war nicht gut Kirschen essen, er aß sie allein oder machte sie zu Marmelade. Da half keine Widerrede, nur ein Wunder konnte ihn von dem lächerlichen Dienst befreien.

Langsamen Schrittes, den Kopf zur Erde gebeugt, in tiefen Gedanken, ging er seinem nahen Hause zu. Plötzlich schlug ihm jemand auf die Schulter. Erschreckt fuhr er herum; es hatte geklungen, als wenn der Drache zuschnappte.

Vor ihm stand, spitzbübisch lächelnd, Tío Paparruchas, seines Zeichens Fuhrmann und überall dabei, wo es etwas zu verdienen gab. Denn der Sommer war heiß, sein Durst groß, und wenn ihn der dickflüssige Muskateller auch nicht gerade löschte, solange er durch die Kehle rann, brachte er Erquickung.

Heute kam der Tío dem Glöckner gelegen, obgleich die Augen des Fuhrmanns bereits verdächtig glänzten. Er brauchte jemanden, dem er sein Herz ausschütten konnte, auch wenn es der trinklustige Paparruchas war. So folgte er ihm in die Taverne am Marktplatz, und bald stand eine Karaffe des feurigen Weins zwischen ihnen.

Wie Verschwörer saßen sie dort bis spät in der Nacht zusammen und tuschelten miteinander. Beim Abschied gaben sie sich die Hand wie alte Freunde, und Paparruchas lächelte vielsagend.

Fronleichnam! Im tiefen Gebet versunken kniete Don Justo vor dem Allerheiligsten, das die Monstranz barg. Vergessen war der Drache, vergessen der heidnische

Brauch, seine Gedanken weilten bei dem heiligen Leibe des Herrn und seinem Opfertod.

Da hallten elf Schläge vom Turm. Es war an der Zeit, die Hostie aus dem geschnitzten Schrein zu nehmen, als er den Glöckner Antonio neben sich gewahrte.

Wie eisiger Schauer überlief es den Geistlichen. Daß er daran nicht gedacht hatte! Mit einem Male kam ihm das Unsinnige seiner überstürzten Anordnung zum Bewußtsein. Antonio! Wie konnte er den Drachen tragen, wenn er in diesem Augenblick die Glocken läuten mußte? Der feierliche Ritus schrieb es vor, daß sie ihre ehernen Stimmen ertönen ließen, wenn er den Leib des Herrn seinem Gewahrsam entnahm. Wenn der Bischof von seiner Unterlassung erfuhr! Mit einem Federstrich verbannte er ihn in eines der trostlosen Bergdörfer oder steckte ihn für Lebenszeit in ein Trappistenkloster. Was tun? Schon repetierte die Turmuhr die Schläge.

»Ehrwürden« begann Antonio stockend, »da ich die Glocken läuten muß . . .« Er deutete auf eine Gestalt, die sich jetzt aus dem Halbdunkel löste.

Don Justo kniff die Augen zusammen. Paparruchas! Der hatte ihm gerade noch gefehlt, den Kelch seines Leidens voll zu machen! Suchend sah er sich um, die Zeit drängte. Also denn, in Gottes Namen! Mochte der Fuhrmann den Drachen tragen. Alle Sauerkirschen sollte er haben und ein Goldstück aus der Gemeindekasse.

Stirnrunzelnd blickte er ihm nach, wie Paparruchas auf die Tür der Sakristei zuschwankte. Sollte der Mann schon am frühen Morgen betrunken sein? Heilige Mutter Gottes von Covadonga!

Das Läuten der Glocken riß Don Justo aus seinen Gedanken. Die feierliche Würde des Amtes hüllte ihn ein in den Mantel göttlichen Schutzes.

Langsam bewegt sich die Prozession über den Kirchplatz und biegt in die Hauptstraße ein. Vor dem Allerheiligsten schreiten weihrauchschwingend die Chorknaben. Dann folgt Don Justo, ein einfaches, schmuckloses Kreuz in der Hand, dicht hinter ihm, barhäuptig, der Alkalde mit dem Gemeinderat. Ihnen schließt sich die Musik an, dumpf tönt der Wirbel der Trommeln. Dann kommt die Doppelkette der Frauen und Mädchen, die sich langsam zu beiden Seiten der Straße vorwärts schiebt, den Schluß macht der dichte Haufe der Männer.

Allen voran schleift der Drache seinen stachlichen Schwanz über den Boden. Da ertönt der Ruf des Sakristans: »Sauerkirschen für den Drachen! Sauerkirschen für den Drachen!«

Kinderhände greifen in die gefüllten Körbe, durch die Luft wirbeln die roten Früchte und verschwinden in dem weiten Rachen des Untiers.

Doch was ist das? Der Drache bedankt sich nicht, er tanzt nicht, er verneigt sich nicht, er klappt das Maul nicht auf und zu. Steif und unbeweglich schiebt er sich vorwärts. Wer mag in seinem Bauche stecken? Wen hat Don Justo dem seligen Florencio als Nachfolger bestimmt?

Jetzt bleibt der Drache stehen, die Prozession muß halten. Don Justo stimmt einen frommen Gesang an, besorgt blicken seine Augen nach vorn. Da setzt sich Paparruchas wieder in Bewegung. Der Cura atmet auf, in langsamem Schritt geht es weiter.

Erstaunt blicken die Augen der die Straße säumenden Bürger. Der Drache scheint zu schwanken, es ist, als ob ihm schwindlig würde.

Wieder bleibt er stehen, wieder ertönt der Gesang des Cura, wieder geht es weiter. Immer schwankender wird der Gang des Untiers, schon beginnt es im Zickzack zu laufen. Zu schmal scheint die Straße.

Heilige Mutter Gottes von Covadonga! Der Cura selbst sendet ein Stoßgebet zum Himmel. Wie soll das erst in der steilen Gasse werden, die zum Hafen hinunterführt. Ein letztes Halten, dann biegt der Drache um die Ecke.

Hin- und hertaumelnd schiebt er sich bergab, nun kommt er ins Laufen, stolpert, stößt mit dem Kopf gegen den Pfosten eines Triumphbogens und stürzt. Mit einem Krach bricht der Schlangenleib auseinander, die Kinnlade ist dem Untier in den Hals gefahren. Unter den Trümmern zieht man den lallenden Paparruchas hervor; drei leere Weinflaschen im Kirschenkorb lösen das Rätsel.

Dem Bischof in Las Palmas blieb das Vorkommnis nicht verborgen, und vier Wochen später verlas Don Justo ein Edikt, das mit dem heidnischen Brauch für immer aufräumte. Mahnend klang seine mächtige Stimme den Gläubigen ins Ohr. Da kreuzte sich sein Blick mit dem des Alkalden. Beiden lief das Wasser im Munde zusammen: sie dachten an die schönen Sauerkirschen.

VIII.

San Borondon, die Geisternde Insel

Das Mädchen von San Borondon

⌢ ° ⌣

Außer den sieben Hauptinseln des Kanarischen Archipels, von denen hier einige Legenden und Überlieferungen aufgezeichnet sind, wie sie teils im Volksmunde umgehen, teils in den Akten verstaubter Archive modern, gibt es noch sechs kleine: Alegranza, Graciosa, Montaña Clara, Roque de Este, Roque de Oeste und Lobos, die so gut wie unbewohnt sind. Alle diese Eilande scheinen Überbleibsel eines verschwundenen Kontinents, den Pluto beschrieb und die hellenischen Dichter besangen.

Doch der Glaube an verzauberte, von Geistern und sagenhaften Gestalten bewohnte Inseln, der das ganze Mittelalter beherrschte, gab sich mit den dreizehn der Kanarischen Welt nicht zufrieden. In den Köpfen aller spukte eine vierzehnte, für die man auch schon einen Namen hatte. Im Volksmunde hieß sie kurz und bündig »Non Trubada«, die Nichtgefundene, deren Geschichte durch Jahrhunderte die Gemüter bewegte und die ich hier erzählen will.

Der Archipel war kaum entdeckt, als seltsame Gerüchte von der geheimnisvollen »Nichtgefundenen«

durch Europa schwirrten. Abenteurer und Seefahrer aller Herren Länder bestiegen ihre Karavellen und richteten das Steuer nach Süden. Und wenn auch die Entdeckungsfahrten stets mit einem Mißerfolg endeten und die Wagemutigen nach vielen Wochen meist mit gebrochenen Masten, vom Sturm zerfetzten Segeln und halbverdurstet im Heimathafen einliefen, immer festere Gestalt nahm die geheimnisvolle Insel an, immer zauberhafter wurde ihre Beschreibung, immer reicher und herrlicher malte sie sich in den Köpfen der Phantasten. Wer es aber wagte, das Bestehen der »Non Trubada« zu bezweifeln, wurde als Ketzer und Ungläubiger verschrien oder als Narr verhöhnt.

So stand es, als sich der Wettstreit der beiden großen, seefahrenden Völker der damaligen Zeit, Spanien und Portugal, auch auf die sagenhafte Insel zu erstrecken begann. Man forschte zurück bis ins graue Altertum. Kein Zweifel! Stand da nicht bei Sabellicus: »Insula, quam Dorim infusam, lateque vagantem . . .?« Natürlich! Die Insel der rothaarigen Nymphe Doris war es, der Tochter des Ozeanus und der Meergöttin Thetis, die da herumgeisterte.

Auch Honorius d'Autum beschreibt sie in seinem Imago Mundi: »Im Ozeanus gibt es ein den Menschen unbekanntes Eiland, lieblicher und fruchtbarer als jedes andere. Entdeckt und besucht hat es der heilige Brandan, wie aus einer irischen Chronik des sechsten Jahrhunderts hervorgeht. Doch seitdem ist es nicht wieder aufgefunden worden.«

Als es nun 1519 zu dem denkwürdigen Frieden von Evora kam, verzichtete Portugal endgültig auf den Kana-

rischen Archipel und trat Spanien auch die »Non Trubada«
ab, die von jetzt an nach dem Heiligen amtlich San Borondón genannt wurde.

Das Suchen nach der Insel ging weiter. Einwohner
von La Gomera, La Palma und Hierro beschworen, sie
an verschiedenen Stellen gesehen zu haben. Akte wurden
darüber aufgenommen, eine neue Expedition von Gran
Canaria ausgerüstet.

Schließlich meldete sich ein portugiesischer Seefahrer namens Pedro Vello aus Setúbal, der versicherte, auf
der Insel gewesen zu sein. Von Brasilien kommend, hatte der Sturm sein Schiff verschlagen und es in die Bucht
von San Borondón getrieben. Als er mit seiner Mann-
schaft an Land sprang, flohen zwei mit Lanzen bewaffnete Heiden in den dichten Wald. Unmengen von Ziegen
gab es dort und kristallklares Trinkwasser. Doch Wind
und Nebel kamen auf, der Portugiese fürchtete, daß seine Fregatte an den Felsen zerschellte. Schnell lichteten sie
die Anker, und als der Morgen dämmerte, war die Insel
verschwunden. So sehr sie auch suchten, sie konnten sie
nicht wieder finden.

Nun begannen sich die Gelehrten ernsthaft mit San
Borondón zu beschäftigen. Mercator führte die Insel in
seinem Atlas von 1579 mit einem Fragezeichen an, 1704
erschien sie auf einer französischen Karte, 1755 verlegte
sie Gautier auf 29 Grad nördlicher Breite und 5 Grad
westlicher Länge des Meridians von Hierro.

1759 sahen sie die Augen keines Geringeren als die
des großen kanarischen Historikers Don José de Viera
y Clavijo, sein ausführlicher Bericht an den Bischof der

Diözese ist uns erhalten. Als Zeugen führt er den Pfarrer Don Antonio Manrique und weitere vierzig unbescholtene und glaubwürdige Personen an.

Doch alles dies ist nicht sonderbar, wenn man den damaligen Stand der Wissenschaft auf den Kanarischen Inseln in Betracht zieht. Auch heute noch kann man an gewissen, seltenen Tagen San Borondón hie oder da sehen, denn natürlich handelt es sich um nichts anderes als eine Luftspiegelung.

Längst hatten die Gelehrten das Rätsel von San Borondón gelöst, doch in den Köpfen der Bauern und Fischer von Teneriffa spukte die Insel weiter bis in die Mitte des letzten Jahrhunderts hinein. Zwar bevölkerte man sie nicht mehr mit Geistern und Zauberern, denn soweit war der Fortschritt doch gediehen, daß man daran nicht mehr glaubte. Aber einen Wunschtraum muß der Mensch haben, und was lag schließlich näher als der Gedanke an schöngewachsene, schlankgliedrige Mädchen, die dort im Schatten hoher Fächerpalmen lagerten und sich vor Liebessehnsucht verzehrten? Besonders auf Teneriffa verstieg sich der Glaube an ihr Dasein so weit, daß die jungen Burschen ihrer Herzallerliebsten keine größere Schmeichelei ins Ohr flüstern konnten als: »Du bist so schön wie ein Mädchen von San Borondón!«

Auch der fesche Pedro Alba hatte es oft seiner schmukken Catalina ins Ohr geflüstert, mit der er nun schon eine ganze Zeit verlobt war. Aber so recht glaubte er in seinem Inneren nicht daran. Gewiß gab es auf San Borondón noch schönere Mädchen, und vielleicht war es ihm vorbehalten, die Insel zu entdecken. Deshalb zögerte er die Heirat immer wieder hinaus.

Pedro Alba besaß ein nettes, kleines Häuschen am Strand von Garachico, ein bunt gestrichenes Fischerboot, und ganz unten in der schweren Truhe lag ein hübsches Häufchen blanker Goldstücke, denn er war sparsam, und der Thunfisch, den er an der Punta de Teno fing, brachte in den letzten Jahren allerhand Geld. Wäre die geisternde Insel mit den verführerischen Zaubermädchen nicht gewesen, er könnte heute mit seiner Catalina schon zwei Kinder haben.

Was die Zweifler aber auch immer reden mochten: er und sein Freund Carmona würden recht behalten! Einmal mußte der Tag kommen, an dem San Borondón sichtbar wurde! Und wozu hatte er dann sein seetüchtiges Boot und das teure Teleskop, das er unlängst von einem englischen Matrosen erwarb?

Und der Tag kam.

Strahlend leuchtete die Septembersonne über der Bucht von Garachico. Zum Greifen nahe schien die Spitze des himmelstürmenden Teide in der klaren, silberdurchfluteten Luft. Im Festschmuck prangte das Dörfchen, denn heute feierte man den Tag unseres Herrn Jesu Christi.

Bunte Papierwimpel zogen sich über die Gassen, Heidekraut und Ginster bedeckten das holprige Kopfpflaster, an den »Vier Ecken« standen hohe, mit Palmenwedeln umwundene Mäste, zwischen denen sich lateinische Bibelsprüche hinzogen, die der Pfarrer Don Manuel selbst auf breite Leinwandstreifen gemalt hatte.

Aus den umliegenden Dörfern strömten Bauern und Fischer nach Garachico, der heiligen Prozession beizuwohnen. Auch aus dem hochgelegenen Örtchen Tanque stiegen sie herab und brachten die Kunde mit, daß sie am Vorabend in der Dämmerung die Insel San Borondón gesichtet hätten.

Carmona war der erste, der davon hörte. Schnell lief er zu seinem Freund, ihm die frohe Nachricht zu bringen.

Das Fest nahm seinen Verlauf. Während die heilige Messe gelesen wurde, betete Pedro Alba nichts anderes als: »Lieber Gott, laß mich die Insel San Borondón finden!« Mehr wagte er von dem himmlischen Vater nicht zu erflehen, das mochte den Allwissenden erzürnen, denn da war doch Catalina . . . Hatte er aber erst einmal das Eiland entdeckt, dann durfte es nicht schwer sein, sich unter den vielen Schönen die hübscheste auszusuchen.

Zwei Stunden mochten bis Sonnenaufgang fehlen. Das Gerücht von der Sichtung San Borondóns hatte weite Kreise gezogen. Am Strand von Garachico drängten sich die Menschen. Das Teleskop Pedros ging von Hand zu Hand. Doch so sehr sie auch ihre Augen anstrengten, die Sonne sank, immer dunkler färbte sich das Meer, die Insel zeigte sich nicht.

Die halbe Nacht saßen die beiden Freunde zusammen und berieten. Nicht, daß sie die Hoffnung verloren hätten, nein! Was in der Abenddämmerung nicht sichtbar war, konnte der frühe Morgen enthüllen. Und noch ehe sich der Horizont rötlich zu färben begann, standen sie wieder erwartungsvoll am Strand.

Schon spielten die Strahlen des göttlichen Tagesgestirns um den Kegel des Teide. Jetzt fielen sie über die Ostkette des Ringkammes und tanzten wie springende Silberfischchen über der blauen Bucht von Garachico. Da riß Pedro Alba seinem Freund das Teleskop aus der Hand: deutlich entstieg dem Meer die Zauberinsel! Gott hatte sein Gebet erhört.

Endlich lag das sehnsüchtig erträumte Eiland vor ihm. Immer klarer trat es zutage. Mit bloßem Auge unterschied er zwei Bergkuppen, um die aufsteigende Morgennebel verflatterten. In der Mitte der Insel hob sich deutlich ein schwarzer Punkt ab. War es das Dorf, in dem die schönen Mädchen wohnten, oder der Schatten des Waldes, in dem sie rasteten? Nicht mehr als vierzig Meilen mochte die Entfernung betragen.

Das Boot lag fahrbereit. Eilig lösten sie das Haltetau, sprangen hinein, hißten die Segel, und schon trieb sie die frische Brise ihrem langersehnten Ziel entgegen.

Niemand hatte die Abfahrt der beiden Freunde bemerkt, und nur aus den Erzählungen Carmonas, der niemals seinen Mund halten konnte, erfuhr man bald über den Verlauf dieser Entdeckungsreise.

Der Vorsicht halber und um bei den Mädchen von San Borondón nicht mit leeren Händen anzukommen, hatten sie ein paar Flaschen alten Malvasier mitgenommen, der ihnen nach der großen Enttäuschung, die ihrer harrte, gute Dienste erwies. Denn kaum entschwanden die Häuser Garachicos ihren Blicken im Meer, da löste sich die Insel in Nebelwolken auf.

Nur der schwarze Punkt blieb, und unentwegt steuerten sie darauf zu. Immer näher kamen sie, immer größer wurde er. Bald spielten Wellen darüber hin, bald tauchte er erneut empor.

Carmona bediente gerade das Steuer, da ließ ihn ein Schrei aus der Kehle Pedros auffahren: was da vor ihnen im Wasser schwamm, war ein toter, halbverwester Walfisch.

Drei Tage später wurde das Ungetüm an die Küste gespült. Als ihn Eusebio, der Witzbold des Dorfes, gewahrte, rief er: »Da ist es ja, das Mädchen von San Borondón!«

Doch der Flickschuster von Garachico, der ein praktischer Mann war, verfertigte aus dem Rückgrat des Walfisches eine Arbeitsbank und Hocker für seine Gesellen.

Pedro Alba aber ließ sich, um den Hänseleien zu entgehen, mit Catalina am nächsten Sonntag in der Kirche aufbieten. Denn wer den Schaden hat . . .

Und damit fand auch der Glaube an die geisternde Insel San Borondón bei den Bauern und Fischern von Teneriffa sein

ENDE.

DER AUTOR

Horst Uden wurde 1898 in Brieg (Schlesien) geboren. Nach dem Ersten Weltkrieg nahm er eine Stellung in einer Berliner Bank an und studierte Fremdsprachen, da er von fernen Ländern und Kulturen träumte. 23-jährig brach er zu Reisen auf, die ihn ins spanische Málaga führten. Málaga sollte seine Wahlheimat werden: Hier gründete er Familie und hierhin kehrte nach seinen Reisen in mehr als zwanzig Ländern auf drei Kontinenten immer wieder zurück, zuletzt 1960 von Venezuela und Kolumbien, wo er als Hoteldirektor gearbeitet hatte.

Nach einem längeren Forschungsaufenthalt auf Teneriffa schrieb er den historischen Roman »Der König von Taoro« (Das Bergland Buch, Salzburg 1941) sowie »Unter dem Drachenbaum. Legenden und Überlieferungen von den Kanarischen Inseln« (Schönleitner Verlag, Aichkirchen 1946).

Dann ging er als Soldat nach Deutschland. Nach dem Krieg ließ sich die Familie in Österreich nieder, um kurz darauf nach Málaga zurückzukehren. 1961 wurde Uden durch einen Autounfall an den Rollstuhl gefesselt; er starb elf Jahre später 75-jährig.

Uden hat zahlreiche Reisebeschreibungen, Romane und Novellen hinterlassen. Seine Erzählkunst findet bis heute begeisterte Anhänger unter kanarischen Reisenden, Residenten und Einheimischen, seine zwei Bücher über die Kanarischen Inseln sind Bestseller geworden. Sie wurden wiederholt durch Fred Kolbe veröffentlicht (Puerto de la Cruz, 1970er und 80er Jahre), ab 2001 im Verlag Verena Zech.

Udens Werk ist in der Rechtschreibung seiner Zeit belassen. *Der Verlag, im Sommer 2007*

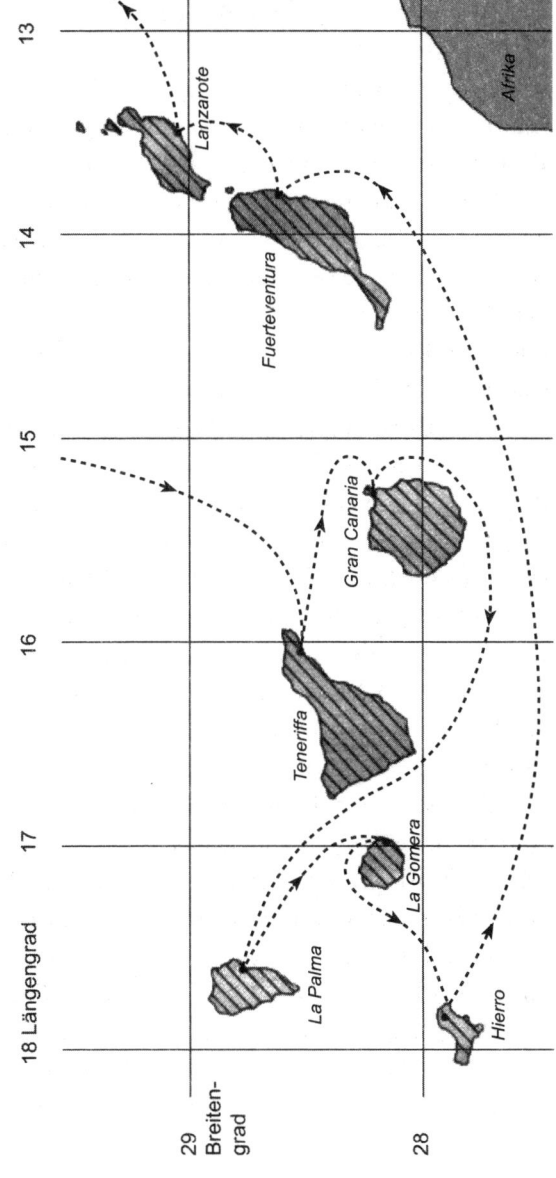

PLAN DES KANARISCHEN ARCHIPELS UND REISEWEG DES VERFASSERS

Afrika

Lanzarote

Fuerteventura

Gran Canaria

Teneriffa

La Gomera

La Palma

Hierro

18 Längengrad   17   16   15   14   13

29 Breiten-grad

28

Bestseller: Der König von Taoro

Historischer Roman der Eroberung Teneriffas
Von Horst Uden

Lassen Sie sich verführen zu einer Zeitreise ins 15. Jahrhundert. Sie werden Teneriffa danach mit anderen Augen sehen.

»Ein Werk, an dem niemand achtlos vorbei geht.«

(Don Francisco. P. Montes de Oca García (✝),
Historiker des kanarischen Archipels)

Zech Verlag, Teneriffa 2001-2008
ISBN 978-84-933108-4-4

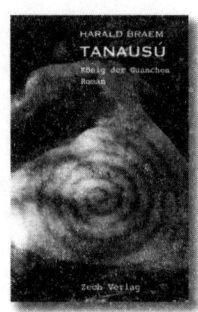

Tanausú. König der Guanchen

Roman von Harald Braem

Während Kolumbus sich aufmacht, Amerika zu entdecken, will der Spanier Alonso de Lugo La Palma
erobern, die einzige Kanaren-Insel neben Teneriffa,
die noch nicht den Katholischen Königen unterworfen
ist. 1492 landet er mit drei Schiffen vor der Westküste
La Palmas . . .

»Kompliment! So kann man den Menschen Geschichte näher bringen!« *(Offenbach Post)*

Zech Verlag, Teneriffa 2003-2008
ISBN 978-84-933108-0-6

Der Vulkanteufel

Kanaren-Thriller von Harald Braem

Harald Braems fantastische Geschichte spielt auf der
kanarischen Insel La Palma. Unvermittelt bricht Unheim-
liches in das Gleichmaß des Pauschaltourismus ein und
führt uns an magische Orte, zu dunklen Ritualen im
Schatten mächtiger Vulkane. Einst gab es hier ein Volk,
schon lange vergessen, dessen Kulte plötzlich wieder
aufleben und ihre Opfer fordern: Menschen.

Der Vulkanteufel, mitreißend wie ein Thriller, lässt
Gegenwart und Vergangenheit zu einer eigenen Wirkli-
chkeit verschmelzen. Gleichzeitig wirft der Roman ein
Schlaglicht auf die Probleme unserer Zeit.

Zech Verlag, Teneriffa 2009
ISBN 978-84-934857-2-6

Tod am Teide

Kanaren-Krimi von Irene Börjes

Lisa Sommer ist frischgebackene Reiseleiterin. Als sie
am Flughafen von Teneriffa ihre erste Wandergruppe in
Empfang nimmt, fällt ihr der Starfußballer vom Verein
Real Madrid tödlich getroffen vor die Füße. Die Reise-
gruppe entwickelt detektivischen Ehrgeiz...
Kein leichter Job für Lisa, die sich wacker bemüht, ihren
munteren Trupp durch die Landschaften Teneriffas zu
führen, viele Spuren deuten auf einen Zusammenhang
mit traditionellen Inselbräuchen...

Zech Verlag, Teneriffa 2006
ISBN 978-84-934857-0-2

Demnächst in unserer Krimi-Reihe:

Tödlicher Abgrund. Kanarische Kriminalerzählungen
von Karl Brodhäcker.

Der Inseltraum

Story einer Aussteigerin
Von Marga Lemmer

1967. Die deutsche Frauenbewegung steckt noch in den
Kinderschuhen, als Marianne Vocke sich entschließt,
nach Teneriffa auszuwandern und noch einmal von
vorn anzufangen. Sie lässt ihr bisheriges Leben zurück:
Mann, Kinder, Geschäft, Freunde, Elternhaus. Auf der
Kanaren-Insel findet sie eine neue Liebe und auch ihre
persönliche Freiheit. Doch Heimweh und Schuldgefühle
plagen sie...
Als sie die Urlauberin Kerstin aus Leipzig kennenlernt,
kann sie gut verstehen, als die Jüngere beschließt: »Hier
will ich für immer leben«. Marianne hat den Inseltraum,
der oft zum Alptraum geriet, mit allen Konsequenzen
gelebt. Kann sie ihrer neuen Gefährtin die eigenen, oft
bitteren Erfahrungen ersparen?

Die Geschichte einer Aussteigerin.
Ehrlich – ungeschminkt – lebensnah

Zech Verlag, Teneriffa 2008
ISBN 978-84-934857-4-0

Galerie der kanarischen Volksbräuche

Naive Malerei von Ángeles Violán

Die schönsten kanarischen Traditionen im Spiegel
der naiven Malerei von Ángeles Violán. Szenen von
schlichter Schönheit und glaubwürdiger Kulturinfor-
mation. Mit Texten von Rafael Arozarena (Kanarischer
Literaturpreis).

Ángeles Violán / Rafael Arozarena:
Galerie der kanarischen Volksbräuche
Gebundene Ausgabe, farbig illustriert mit 45 Bildern
Zech Verlag, Teneriffa 2006

ISBN 978-84-933108-9-9 (deutsch)
ISBN 978-84-933108-8-2 (english)
ISBN 978-84-933108-6-8 (español)

Spanisch im Alltag

Ein praktischer Sprachführer von Luis Ramos

Mit diesem praktischen Sprachführer findet sich der
Spanisch-Anfänger schnell am Urlaubsort zurecht, sei es
im Taxi, an der Rezeption, am Post- oder Bankschalter,
bei Freunden zu Hause und in vielen anderen Alltags-
situationen.

Luis Ramos unterrichtet Privatschüler auf der Ferien-
insel Teneriffa und hat Tausende mit seiner Fähigkeit
begeistert, Sprachlernen einfach und verständlich zu
gestalten.

Über 500 Redewendungen, Vokabeln und praktische Tipps.
Illustriert von Karin Tauer.

Zech Verlag, Teneriffa 2007
ISBN 978-84-934857-1-9

Auf den Spuren der Ureinwohner

Ein archäologischer Reiseführer für die Kanaren
Von Harald Braem

Spannende Entdeckungstouren auf Teneriffa, Gran
Canaria, La Palma, La Gomera, El Hierro, Lanzarote,
Fuerteventura. Der bekannte Buch- und Filmautor Harald
Braem forscht seit 25 Jahren auf den Kanaren. Folgen
Sie ihm auf den Spuren der Ureinwohner zu Kultplätzen,
Höhlen, Pyramiden und zu rätselhaften Zeichen einer
geheimnisvollen, versunkenen Kultur...

Die wichtigsten archäologischen Theorien kurz zusam-
mengefasst. Was Mumien, Muscheln und Müllreste
über das Leben der Guanchen aussagen? Felsbilder
und Pyramiden, gibt es Vergleichbares in anderen
Kulturen? Museen, praktische Tipps, Literaturhinweise.
Mit zahlreichen Illustrationen.

Zech Verlag, Teneriffa 2008
ISBN 978-84-934857-3-3

Alexander von Humboldt:
Seine Woche auf Teneriffa 1799

Von Alfred Gebauer

Alexander von Humboldts erste Station auf
seiner berühmten fünfjährigen Forschungs-
reise nach Südamerika war die Insel Teneriffa. Dieser Aufenthalt (1799) dauerte eine
Woche. Seine Aufzeichnungen über diese
Tage werden umfangreich wiedergegeben
und die von ihm besuchten Orte im heutigen Teneriffa in Wort und Bild dargestellt.
Neben geschichtlichen Ergänzungen wird der
Lebensweg dieses berühmten Deutschen skizziert.

Mit zahlreichen Abbildungen, darunter Original-
zeichnungen von Humboldts. Mit einem Vorwort
von Ottmar Ette.

Zech Verlag, Teneriffa 2009
ISBN 978-84-934857-6-4

Neu im Sommer 2009

Vorbestellungen an:
Verlag Verena Zech · Carretera Vieja, 40 · E-38390 Santa Úrsula
Tel./Fax: +34 922302596 · Mail: info@zech-verlag.com
Web: www.zech.verlag.com